100分
情人必修課

溫淑芳

100分情人必修課
作者／溫淑芳
策劃編輯／伍詠慈
美術設計／劉碧雲
出版發行／突破出版社
香港沙田亞公角山路33號突破青年村
電話：2632 0000 傳真：2632 0388
電郵：breakthrough@breakthrough.org.hk
網址：http://www.breakthrough.org.hk
http://www.btproduct.com
承印／海洋印務
2000年3月初版1刷
2002年7月初版3刷
2014年3月2版1刷
2016年6月2版2刷

The Lecture for Lovers
by Wan Shuk-fong
First Printing, First Edition, March 2000
Third Printing, First Edition, July 2002
First Printing, Second Edition, March 2014
Second Printing, Second Edition, June 2016

Printed in Hong Kong
ISBN 978-988-8246-15-1

本書經文取自《新標點和合本》，版權為香港聖經公會所有，承蒙允准採用，特此鳴謝。

誠邀閣下就突破出版社的書籍發表意見

歡迎加入突破書籍 Facebook page — http://www.facebook.com/btbooks.page

本書採用環保油墨印刷

生　活　與　輔　導

關懷、連繫、復和、

溝通、對話⋯⋯

凝視心之脈動，

直到重新尋獲自己的心。

目錄

30分 第三課 相知

30分 第四課 相愛

初版序　樂在相愛的藝術

「求你將我放在心上如印記，
帶在你臂上如戳記；
因為愛情如死之堅強，
嫉恨如陰間之殘忍……
愛情，眾水不能息滅，
大水也不能淹沒……」

——摘自《聖經・雅歌》(8：6-7)

這是愛情美麗、無可抗拒、強烈和不容易淡滅的一面。

當然，愛情也有崎嶇、陰暗、欲拒還迎，甚至曲終人散的一面。

接過淑芳的書稿，我的第一個反應是：她不是已經寫了兩本以戀愛為主題的暢銷書了嗎？為何仍有興趣再寫一本類似的書呢？

抱着這個疑問，我一口氣將這本情理兼備的書讀完。

我驚訝淑芳一個已婚十三年的女子，筆下對戀愛中人心情的描寫，是來得這樣細緻、貼心，彷彿她自己也正在戀愛一般；加上六首「愛之詩」中對愛情詩意的捕捉，我不能不下這樣的結論：婚姻的歲月沒有淡化了她對愛情的敏鋭，她定是仍在戀愛當中。這是她文章中「情」的一面。

至於「理」的一面，全書的鋪排有着一個邏輯化的演進，戀愛是從觸電的感覺開始；接着是擇偶的考慮；之後是一條千變萬化、迂迴曲折的愛情路；還有分析戀愛中要付的代價，在性格相異下如何取得溝通的平衡和如何多方面去發展二人的親密關係。當中不乏精彩和重要的理論分析，包括運用性格測驗（MBTI）來談戀愛的配對，這測驗多應用於事業發展和商業管理中，淑芳將它應用在戀愛的配對上，相當具創意。讀者一定會很好奇，想知道自己性格的特質如何與自己心愛的人融和並互補。

另外，淑芳將擇偶過程中的「無意識的吸引」（unconscious attractions）的理論，寫得更清楚易明。這理論對一般沒有心理學訓練的讀者來説，是比較難明白的，但她以不少具體個案為例子，將它活現在讀者眼前，我認為這貢獻是相當大的，因為我們常以「墮入愛河」來形容熱戀的男女，一個太理智和頭腦太清醒的人是不容易墮入愛河的，但有了這種無意識的吸引，就能將任何人都拋進愛的漩渦中。最重要的是，在戀愛的過程中，慢慢釐清並彼此接納這無意識的吸引背後，有着內心對愛的渴求和需要，要將它從無意識中釋放出來，這也是自我成長的一個突破。所以，我是相當認同容格（Jung）所提「戀愛是一個治療的過程」的說法，惟有在一個彼此接納和彼此從衝突中認識自己的過程中，我們有機會重新面對自己童年的創傷和欠缺，兩人的愛不斷成長的同時，自己的性格也邁向成熟。

全書我覺得最精彩及最具特色的是第三課「相知 戀愛路上的十二個如果」。淑芳是講故事的高手，同一對戀人，在戀愛的不同進程中，卻可以有五對相反的結局，在故事演變的眾多變數中（variables），例如事業的拉扯、生兒育女的考慮、身邊人的評價、對愛的期望與表達等，都可以帶來截然不同的結局。

一口氣將十個不同的故事結局看完，令人產生很多複雜的感覺。消極的話，有些人會慨歎天意作弄人，陰差陽錯地拆散鴛鴦，是緣分不夠吧？正面來說，我們要接納一段感情能夠開花結果，有不少是預設（given）的因素使然，諸如我們的家庭背景、性格的強弱；但也有不少是取決於自己的抉擇和努力。什麼時候要勇敢踏上去，什麼時候要知難而退，沒有人能為你作決定，無論結局是怎樣，你都有份參與。不過，感情畢竟是兩個人的事，單方面努力而得不到相應的回應是痛苦的，單戀不成真感情。

我想，淑芳不是一個宿命主義者，她用這種「同一對主角多個結局」的手法，是希望讀者體會感情進程的千變萬化，而每個人都可以積極參與在其中，在「相處」及「相愛」的章節，她為願意認真培養感情的讀者，寫下一些寶貴的指引，叫戀愛中人能在戀愛的不同層面上取得平衡發展，她最終都是希望有情人終成眷屬。在我的輔導經驗裏，不少有潛質成為佳偶的愛侶，因為缺乏對戀愛中的關係動力的了解，不得不走向分手的結局，這是多麼叫人惋惜的事！

但願讀者能從淑芳對戀愛多角度的描寫中，得到啟迪；能愛得更加精彩，像作者一樣。

多了十三年戀愛經驗的淑芳（婚姻絕不是愛情的墳墓！），將這個歷久常新的課題，寫得比前兩本戀愛作品更深入、更精彩。

區祥江

2000 年 2 月 1 日

自序 邊走邊寫的婚姻小說

我做了三十二年的專職／義務輔導，當中以戀愛婚姻的輔導最多；我的婚姻也走過了二十七年；回望別人和自己的愛情故事，我驚覺：戀愛婚姻，是一件最現實的事情——一分耕耘，一分收穫。很多婚姻半死不活、充滿失望；或者驚濤駭浪、處處危機；大多在戀愛期間、或婚姻初期，已經有迹可尋。

《100分情人必修課》是經過輔導同工的推介、編輯和作者的努力，從《戀愛多面體》改編再版的成果。

上次以詩代序（愛的詩篇——寫在結婚十三周年），十三年的婚姻，瀰漫着濃厚的詩情畫意；再走十四年，我倆到今天仍愛詩、畫，但經過人生閱歷的磨練，工作、身分、角色和所處文化環境的衝擊似乎更像小說。我倆邊走邊寫；小說的情節愈來愈曲折，經驗的挑戰愈來愈多，情感的發展愈來愈堅韌。我倆經歷了許多改變，惟一沒變的：是我倆仍為着當日認識、接受彼此，為着我倆的結合、並在婚姻中共同的努力而感恩。

是的，輔導員沒有例外，愛情婚姻書的作者也沒有「免修」（exemption）特權，你我一樣要在戀愛婚姻的歷程中努力進修，才有望享受成果。

走筆至此，突然記起三十年前的一個個案。五十二歲的女事主，與性格怯懦的長女、智障的次子，並關係惡劣、酒後回家打罵放火的丈夫同住一公屋單位。這對夫妻的婚姻傷痕纍纍，但經過十八個月的努力，兩人重建婚姻；還是那個公屋單位，家庭的溫暖卻是當事人從未想像過的。

把《100分情人必修課》送給你；無論你們的戀愛婚姻起頭有多難，若二人願意努力，同心耕耘，你們仍然有機會携手走過「苦樂禍福、富貴貧窮、健康疾病、順境逆境」的日子。祝福你們。

溫淑芳

2014年3月

德國漢堡

愛的詩篇——寫在結婚十三周年

婚約
我說
　約定了七世
你說
　七十個七世
生活
紛沓中
　　　捲走
　一盞茶的暖意
　一句話的貼心
主的愛
　堅定　綰結
　整綴了紊亂
　延展了繾綣
愛情
經過十三寒暑
燃燒
沉澱
　　清風般
旋動
　　溫柔

第一課

相遇

如果他傻傻地望住我，我的臉會發熱，不敢回望他。

她的手又軟又細，在我掌心中剛好。我希望以後都能握住她的手。

有時我希望自己能冷靜客觀一點看他，他的一切似乎太完美了，好像不真實。

自從和他一起後，我竟然變得小器、善妒！為什麼會這樣？

世上竟有這麼溫柔、善解人意的女孩，與她在一起，太舒服了。

她真美麗。每次她在我面前出現，我總覺得眼前一亮。

快樂、氣惱、失望、希冀……我會將生活中的一切都告訴他，告訴了他，心裏就踏實了。

從前我講電話只談公事，不到五分鐘就掛線。現在，道晚安也會講半小時，連自己都難以置信。

我本來是個獨立的女子，惟獨是他，叫我想倚賴、接受他的照顧。

自從認識她，我不再像以前一般瀟灑，什麼事都會先想到她的感受。

拍拖之後，我的情緒起伏不定，有很多新的煩惱，又有新的動力。

我對她的一切都甚感興趣。像我這樣懶惰的人，這種感覺似乎從未出現過。

我很想知道他心裏的想法……

每次看到她開心地笑，我的心總被牽動。我想使她幸福快樂。

我們之間有很多甜蜜的暱稱和小祕密，每次想起都感到無比幸福。

和他在一起，我總想得很多、很遠。

有次她在我面前盛讚一位男同事，我莫名地苦惱；我的自信立時動搖，心裏充滿妒意、比較。我太在意她？還是太缺乏自信？

每到下班時間，我就匆匆離開公司，想儘快見他。

朋友們都說我一天比一天漂亮、活潑，他們取笑我，說我一定是在蜜運中。

愛情來的時候

我在一個「戀愛知多少」工作坊裏，請一羣二十多歲的青年男女在卡紙上寫下他們經驗過的戀愛感覺，牆上的卡紙饒有趣味。（頁 16-18）

戀愛中男女的興奮、喜悅、溫暖、滿足，夾雜着種種的矛盾、猶豫，對自己及對方的新發現，都躍然紙上。

看，這羣青年都中箭了，是愛神丘比特的箭！

你有以下墮入愛河的徵狀嗎？

如果你問一對戀人，怎麼知道自己在談戀愛？他們多半會告訴你，這種感覺是翩然而至的，難以預測。

大部分愛情都是無心插柳，直至發現與對方「通電」，調校到獨特的溝通頻道時，愛的種籽已不經意地抽芽生長。

「你別亂說，他這種好朋友，我有一籮筐。」

「我對她沒有特別的感覺……」

「我們是異性知己罷了。」

先別急着自欺欺人，或者強求對方承認。先想想你與他有以下經驗嗎？

1 小器鬼

戀愛，像友情、親情，給人帶來愉快、幸福和溫暖的感覺。

但戀愛有別於友情和親情之處，就在於它的「排他性」。交朋友，愛親人，對象可以多過一個人；朋友甲，無損你對朋友乙的情分，你還可以介紹他們彼此認識，變成三人行。

但男女戀愛卻有強烈的排他性，同一時間你可能喜歡多過一位異性，但卻斷不能同時與兩個人談戀愛。戀愛是不可以分享的。

這亦是為何很多人墮入愛河後，發現自己變得心胸狹窄，容易嫉妒，跟大方得體的自己判若兩人。除了因為你十分在乎對方，也是因為戀愛的排他性，在你們感情未穩定時，若發現對方對「第三者」有絲毫的興趣、欣賞，你的自信很容易被動搖，產生妒忌和疑慮。

2 重視外表

戀愛的情感中必定有戀慕的成分。戀慕就是你對他的欣賞、渴慕。

男女交往的初期，外表的吸引先行，毋庸置疑。偉岸的身形、姣好的臉孔、親切的談吐、盈盈的笑意；這種種美麗的第一印象，會吸引你接近對方。因此，戀愛中的男女必然較往常更着重自己的外表；也會在不知不覺中，顯得比平常更容光煥發，神采飛揚。

3 戀慕他的性情

男女交往，很快便由外表的吸引，進而欣賞對方的性格及其他內在特質。初遇時的驚艷和新鮮感，會隨着時日過去而轉淡或消失，取而代之的是對對方內在的特質、性格的戀慕。

你發現對方的性格和內在特質，會自然形成一種有趣的組合表達出來，或者你不能完全了解這組合的複雜矛盾之處，但仍深深地吸引着你。

他無憂、活潑、光明的一面，偶爾夾雜了尖銳、敏感、多愁，某些時候聰明慧黠，有些情況卻顯得魯鈍。有時傻氣，有時深沉，或者你期許的仁厚、忠誠不常常出現，但幽默、靈巧的表現卻深得你心。

總而言之，這人獨特的性格和待人處事的特質，自有吸引你之處。

4 享受與對方共處

由於心生戀慕，你們自然常常想見到對方，享受共處的時刻。

深情的眼神、銀鈴似的笑聲、無意中觸及的小指尖、一個印在面頰上的輕吻、帶來安全感的語音，或她無言依偎在你的肩膊，這些都為戀愛中的男女帶來歡快的經驗。

哪怕只是坐下喝杯茶、聊聊天，甚或無聲地挽手散步，吹吹風，已覺得是無上的享受。

若不能見面，即使聽到對方的聲音，看看他的照片或短訊，都覺得甜蜜。

若分隔兩地，會感到痛苦和掛念，覺得生活中缺失了很重要的東西，心神不定，影響情緒。

5 想更認識他

每個人都是一本內容豐富的書，戀愛中的男女更能體會這一點。

你對對方產生濃厚的興趣，想更多、更深地認識。這種動力，促使你更觀察入微，對身邊事物更敏感、更熱切和有耐性。大抵你盼望對方與你志趣相投，以致渴望了解他的一切。

6 他是我的……

戀愛中的男女的心靈漸漸發展出某種微妙的聯繫：他的榮辱，也屬於你的；她的憂喜，你會感同身受；他的生活節奏、際遇，與你息息相關。

兩個原本毫不相關的圓圈，碰在一起，愈扣愈緊，重疊、牽連愈來愈多，相關相屬的地方也愈來愈強。這種感覺，令你們互相照顧、關懷，互相依靠。你們會把眼光從目前擴展到將來，有更多更長遠的計劃，對於開創兩人共同擁有的未來，你們充滿希冀。

7 為他負責……

擁有對將來共同的冀望，當然感到幸福、甜蜜、安全；但必然失去單身時代的瀟灑不羈。由於你作的決定不再單影響自己，也因着愛和關心對方，作決定時你會考慮和顧及他的感受和需要，因為你覺得對對方有責任。

有些人在成長的過程中一向要照顧別人：在戀愛時，這種責任感會很自然地浮現，感覺毫不陌生。但對於習慣孤身上路、瀟灑豪放的獨行俠來說，由於自小毋須照顧別人；面對戀愛中的責任，最初會不習慣，覺得被羈絆約束，甚至因恐懼而逃避，他們顯然需要較多時間、空間來適應。

中了愛神的箭，一切的感覺都變得強烈；你像突然給送上雲端，興奮莫名，所有美好的未來都在等待着你；有時你又突然被扔在水裏，小小的波折和疑惑，都足以令你沒頂，惶惑混亂。

戀愛的獨特感覺，身處其中自然心知肚明。

戀愛感覺

* 變得心胸狹窄，容易嫉妒
* 欣賞和戀慕對方的外表、性格
* 享受與他相處
* 想更深認識他
* 感到與他相屬
* 對他有強烈的責任感

三個決定使你愛上他

茫茫人海，為何只有他吸引你？與你擦身而過的人，不乏比她更可愛甜美的；或比他更俊朗自信的；為何只有這一位與你產生這化學作用？

擇偶，一直被視為充滿神祕的選擇（或被選擇）過程。古人浪漫，用一句「姻緣天註定」就解釋過去了。但這玄之又玄的解釋，將人放置在一個被動和無助的位置：如果姻緣天定，那麼，既沒法擋，也留不住了。當事人就只能任由擺佈，不能為自己的行為負任何責任了。

西方對心理學、家庭學和性格的研究，卻為擇偶這充滿神祕色彩的過程，提出一些足供省思的說法。

家庭治療的鼻祖之一亨利·迪斯（Henry Dicks），將男女選擇對象的原因和條件分成三大類。

1 社會壓力和期望

social pressure and expectation

男女選擇對象時，會找尋與自己的社會階層、背景、財富、學歷、宗教相配的人。這與中國人的「竹門對竹門」、「門當戶對」的說法很相近。所以這類擇偶條件背後的智慧是：物以類聚。

基於社會期許或有意識的個人原因的男女配合，旁人很容易理解及認同，例如，富家子弟娶名媛，或男女二人皆出身小康家庭，學歷相若，我們覺得他們的選擇是理所當然的。社會一般的認同和支持，得到親友祝福，走的愛情路自然較平坦。

人總是安於熟悉的環境、生活和人際關係的。選擇門當戶對的人，毋須改變自己，也不需要太多適應。相反，若草根階層與名門富戶配合，兩人從日常生活習慣以至社交圈子都需要調整和改變，更甚者是要面對社會的壓力、別人的目光和評語。

有相同的宗教背景，意味着信仰、理想和價值觀都比較接近，比起沒有信仰或不同信仰的人，在關係建立及將來的共同生活中，都能夠起重要的穩定性作用。

2 有意識的個人原因
conscious personal reasons

即個人選擇對象時，很清楚為何作此選擇，例如，喜歡對方相貌漂亮，或有公認的才能，或與對方志趣相投等。個人原因一般受家庭背景、家庭動力和個人際遇影響，例如，若一向與父母不和，你可能會選擇一個有機會帶你遠遠離開父母的人；若母親在家一向專橫，你選擇對象時，那女子的外型、性格、表現等，絕對不能有半點令你聯想起母親；或你曾與一個浪子型的人戀愛，戀愛失敗後，再選對象時，你會有意識選擇一個穩重、循規蹈矩的人。

由於是清晰地、有意識地作某種選擇，你能清楚地向自己、旁人說明選擇背後的原因。你既已決定選擇因素的次序、高低和輕重的分野，對一些「不完美」之處，會視為不重要的因素或特質，接納對方擁有你所珍視的特質，也有「沙石」。

3 無意識的吸引

unconscious attractions

既是無意識，就是難以名狀、解釋的，是一般人所說的「化學作用」或「觸電」。

這類配合，往往叫旁人費解或覺得不樂觀。例如，男女兩人的外型、年齡、社會地位、背景迥異。這種配合必然承受着很多外來的壓力和議論，但無論善意的和惡意的，都抵不上一句：「我們在一起感覺很自然、很舒服。」要分析嘛，也說不清楚。這大抵就是「無意識的吸引」了。

其實，深究下去，在第一類和第二類的配合裏，也不多不少地有無意識的吸引，因為社會階層、財富、宗教、興趣、背景、學歷相同或相近的人，何止千百，符合你有意識的擇偶條件的人，也一定不只他一個，為什麼偏偏與他擦出花火呢？

「觸電」的源頭

Family and How to Survive Them 的作者史偕拿（Skynner）和奇理士（Cleese）分析後認為，男女間的無意識吸引，其實也有物以類聚、同類相吸的因素，只是這種運作過程，須經過較複雜的心理因素的作用。

若仔細看看一些自稱是「無故觸電」的男女，你不難找到他們很多共通點。他們在其本源家庭（原生家庭）的歷史背景、家庭功能特色、家庭氣氛、態度和表達等方面，多有相似甚至相同處。

例如，一對男女表面看是來自一貧一富的家庭，但貧的一方可能在童年或少年時代家境富裕，只是家道中落，以致青、成年時代家境貧寒，但對於富裕家庭的生活形態和習慣並不陌生。或者，男女二人在社會地位、興趣等各方面均相異，但他們都在童年失去母親（或喪母，或父母離異），相同的童年經歷，令他們在本源家庭裏所經歷的生活上的適應、家庭角色和功能的調整，及感情的缺失相似，特別容易產生共鳴，交流感受。

隱藏的相似點

另一些例子，男女二人的共同點更隱祕，更難發現。例如，雙方雖社會地位、年齡、學歷等條件差異頗大，但均成長於一個「沒有父親」(absent father) 的家庭，這包括父親早歿，或父親不負責任、在家中沒有地位、退縮、不可靠，或長期與家人分開生活。他們本源家庭的形態和功能就具備相似的調節和適應，所以他們相識之後，容易找到熟悉的感覺與觀點。他們的共同點藏於深層的感覺裏，非旁人能理解，甚至也不在他們意識的層次。

正如前述，第一類和第二類的擇偶，是旁人和當事人能意識、理解的。第三類的互相吸引，不但旁人難以理解，有時連當事人也不能說清楚。雙方雖然擁有相似的內心需要、感覺和習慣，但由於深藏潛意識內，不為當事人所意識，甚至被當事人慣性地否認和忽略。只是因為家庭內某種匱乏（例如失去父或母）、家庭內某種強烈抗拒、壓抑的情感（例如拒絕表達愛或不准許表達憤怒），甚或家庭內某種禁忌（例如不准許談性、不准許提及離棄家庭而去的父親）而衍生出這些需要、感覺和習慣來。

這些本來很自然、很簡單的需要、感覺和習慣，經過長期的家庭歷史的演化，層層壓抑、否認、掩飾，在當事人的意識層面消失。當事人用各種複雜的心理機制，將之收藏在心裏的暗角；而這些需要、感覺和習慣已是當事人的一部分，一直躲在暗角，在潛意識的層次影響當事人。

暗角中的悸動

你可能覺得上述例子，不過是針對有某種家庭歷史的人。事實上，你和我的家庭在我們的成長經歷中，一直影響着我們，令我們在毫無意識的情況下，把一些未能面對的經歷、感覺、情感和禁忌，「踢入」心中的暗角。

故此，我們要注意的是：

· 被踢入暗角的東西是多是少？
· 它們只是一些小小的炮竹，還是已累積成一個巨型的炸彈？
· 我們是否接受它們的存在？
· 在遇到壓力、挫折、衝擊時，它們如果被引爆，突然露面，我們會否被「自己部分的真相」嚇倒？
· 在成長的過程裏，在感覺安全、精神狀態良好、被愛、被鼓勵支持的情況下，我們能否慢慢把暗角的「收藏品」逐一拿出來，好好面對、處理和紓解？

這大概就是戀愛的弔詭（paradox）吧！戀愛感覺的產生，可能就是深藏我們心裏暗角的東西在蠢蠢欲動　發出暗號，令我們與某位異性之間產生出難以解釋的吸引力；在相戀時，藉兩人間那份超越一般社交的緊密感情關係，藏在暗角那「部分的自己」就趁機而出。

若雙方有足夠的勇氣和洞悉，處理得宜，戀愛能提供一種令人感覺安全、被愛包圍的環境和關係，讓我們面對、處理潛藏內心的需要和感覺，並「遣散」暗角裏躲藏的「小魔怪」。

但假如任何一方未夠成熟、勇氣或未準備好來面對，則可能把正在發展的感情，連同小魔怪一起硬生生按下，踢入內心更深的暗角，將之轉成塵封的記憶，結束感情。

為了毋須面對，你或者會將這段感情轉化成人際關係中的禁忌，不准提起。那個「部分的自己」，惟有伺伏在內心更深的暗角裏，等待下一次復甦。

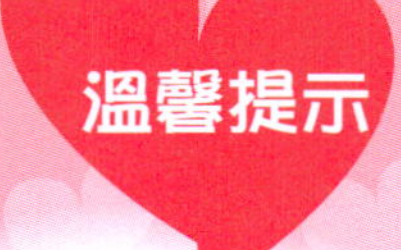

戀愛選擇

* ＊成長背景相配
* ＊個人預設條件
* ＊無意識的吸引
* ＊隱藏的相似點
* ＊心中暗藏的條件

愛的詩篇——如小鹿

如小鹿
佻　　佻　　　奔過杜鵑林
愛情　　　所過之處

　紫色的、酡紅色、桃色的、橘色的、粉白的，
揚起七色花霧
叫人　　輕飄飄地
浮在霧中
七色
合上眼
依然絢爛
直至
你與片片花瓣
墜落　　在
　　實體的　　溫潤的泥土上
睜開半閉的眼睛
　依着陽光
　　去找尋
　　　小鹿

第二課

相處

有無天生一對——十六型人格理論

相愛的人，並不自然而然懂得相處；大部分認真經歷過戀愛的人，都得出以下結論：相愛簡單，相處太難。相愛的人自然渴望相處，但共處的時光多了，就生出相處的問題來。

兩個各自帶着不同的成長背景、性格、人生經驗、知識、技巧，和潛質的人，惟有知己知彼，互相欣賞相異之處，互相補足，互相包容，才可望和諧相處。

《梅耶——布厘格性格差異顯示法》

我借用了《梅耶——布厘格性格差異顯示法》（Myers Briggs Type Indicator，簡稱 MBTI）的性格分類，幫助你認識自己、認識你的愛侶。

人的性格是先天遺傳和後天複雜環境影響二者配合運作而成，並無對錯、好壞、高低之分。性格不同只是表達了人與人之間有趣的差異，也造成不同的思想和行為方式。

性格決定了我們如何接收信息（perception - sensing and intuition），如何解釋／判斷自己接收的信息（judgement - thinking and feeling），如何組織及運用已解釋的信息以決定行為（behaviour），以及如何獲得個人的動力（energy - extrovert and introvert）。以下圖表説明這種互動關係。

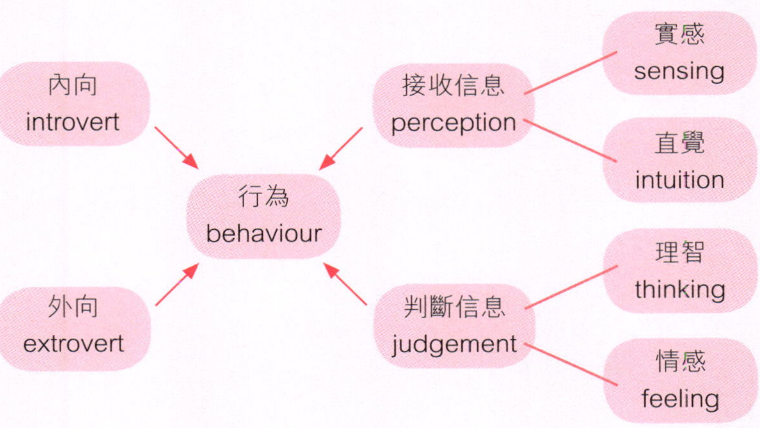

根據《梅耶——布厘格性格差異顯示法》，四組不同的性格傾向如下：

第一組：	extraversion 外向	⟷	內向 introversion
第二組：	sensing 實感	⟷	直覺 intuition
第三組：	thinking 理智	⟷	情感 feeling
第四組：	judgement 循規	⟷	奔放 perception

（作者按：性格類型由英譯中，作者經參考採納其他中譯本，部分採用自己的翻譯。例如在李佳俊譯的《十六種性格透視》中，李氏把 judgement 譯為獨立型，perception 譯為依賴型。）

你屬哪類型？

你在某些時候的表現是外向型；但在某些情況下，你又顯得內向。你有時可以理智判斷，有時又充滿情感。要分辨自己是哪種類型，必須找出自己的「傾向」，較喜歡的思想、行為和支取動力的模式。一般而言，在你鬆弛、沒有壓力和責任限制的情況下，你自然傾向的思想、行為和支取動力的模式，就是你的類型。

例如，你在公司主管一個部門，工作要求你須主動與人打交道，儘可能與同事建立關係，認識他們，策動他們。但下班後，假如你喜歡儘快躲回自己的安樂窩，聽聽音樂，獨自在窗前發一會兒愣，靜靜地鬆弛一下，想想日間所遇的人和事，有煩惱時寫寫日記，或致電多年知己傾訴一下，那麼，你是屬於內向型。你日間在公司的外向型表現，是工作所需，並非自然傾向。外向型的行為和活動，你可以做得到，但並不真正喜歡。在沒有壓力和要求的情況下，你寧取內向而非外向型的活動。

第一組：內向與外向

	內向型 (introversion)	外向型 (extraversion)
動力根源	來自內心世界的思想、自省	來自外界的人、事、經驗的刺激
人際交往	· 被動的、較深層的交往方式 · 需要較多個人空間 · 接觸面窄、保守而深交 · 喜獨處 · 怕人多聲雜	· 主動的、較表面的交往方式 · 喜歡羣體活動 · 接觸面闊、交遊範圍廣闊 · 喜與人交往、喜歡人多的場合 · 怕沉悶
行為表現	· 內斂、被動 · 沉靜、害羞 · 思而後行、深藏不露	· 活潑、主動 · 多言、友善 · 行而後思、鋒芒畢露
日常生活	· 愛用文字表達多過用言語的表達 · 愛靜，不喜歡電視、收音機或電話所造成的聲浪，視為不受歡迎的干擾	· 愛用言語的表達多過用文字表達 · 喜歡熱鬧，不介意電話、電視、收音機的聲浪

每個人都有外向和內向兩種特質，沒有人是百分之百外向或內向。就算你傾向從羣體、活動和外在世界找尋動力的根源，有時還會退回個人內在私隱的空間去「充電」。你傾向集中注意力於外在世界還是內在世界，決定了你的氣質、日常生活和人際交往的形態。

心理學大師容格（Carl Jung）認為，外向型和內向型性格的分野，最能說明一個人的性格特質，這不但是你支取動力的根源，也顯示你的動力去向。

有人誤以為「正常」的男性是外向型，而女性大多是內向型。事實上，沒有證據顯示性別與性格類型之間有此關係。傳統社會透過教育、家庭社教化、社會規範和大眾傳媒來塑造性別典型（sex stereotype），造成誤解，將外向型的女子描述為野性不馴，內向型的男子描述為退縮膽怯。這些以性別典型為標準的看法，充滿偏見、不合時宜，亦帶來不必要的誤會和偽裝。

例如，本來生性外向，主動活潑，喜歡多姿多采生活的女孩子，怕別人覺得她太「野」，為要符合「賢妻良母」、「乖女孩」的典型，她努力表現出內斂、沉靜、大家閨秀的一面。但是，男女交往日久，外向的性格傾向和需要仍會自然流露出來。

第二組：實感與直覺

	實感型 (sensing)	直覺型 (intuition)
接收信息的特質	· 着重感官（如視覺、聽覺、嗅覺、味覺、觸覺）收集的信息 · 注意事實和細節 · 對事件、數字有興趣 · 着重經驗，務實	· 講求靈感、直覺、第六感 · 注意概念和關係 · 對理論和概念有興趣 · 喜歡創意、奇想
行為表現	· 着重現在，實事求是 · 腳踏實地 · 習慣依從程序、常規	· 着眼將來，愛談理論 · 想像無限 · 討厭程序、常規
日常生活	· 井然有序，有規律地安排生活，做事習慣遵循指示 · 仔細計劃收支平衡	· 多姿多采，喜歡將生活安排得多樣化，愛換花樣，對細節和指示感沉悶 · 經常想像下次加薪時如何花費

有一對相戀一年的愛侶——Kris 和 Manson，Manson 因公務赴加拿大，兩人分隔兩地，靠網絡聯絡。三個月過去，兩人雖然盡力互通近況，但對對方的情況好像總是缺乏了解。摘錄他倆的電郵如下：

Manson：

昨天又是忙碌的一天，早上七時離開家門，八時十五分開始上課，星期五總是很多家政課。昨天教學生做凱撒沙律，不會弄得滿身油煙。學校的家政教室，經我在過去一年向校長五次表達訴求，總算把抽氣機改裝了。下午三時三十分，終於上完最後一課。但李志文（就是我前天發現他偷了同學三百元的那個學生）的母親來見我，足足哭了三十分鐘，我說的話，不知她聽進去多少，她只連聲地哀求我別給李志文記大過。這我作不得主，根據校規就不大可能了，還是提請校長決定吧。結果，我留校一小時。之後，我在下午四時三十分約了舊同學去金鐘看電影；六時三十分晚飯（也在金鐘）；九時三十分回家。

（星期六）今天上午十時三十分與同事、學生到大網仔燒烤、騎腳踏車，下午三時回程。

現在才抽空給你電郵，待會兒還要陪母親到超級市場購日用品。下次再談。

Kris

 Dear Kris：

我終於找到較理想的住處了，房子大小適中，臨窗斜斜的有一排楓樹，日落時陽光恰好穿過楓樹照進來。遲一陣子，楓葉轉色時，我擔心自己不肯離開房間去上班哩！我決定下個月便搬進這房子了。找房子的時候一直在想念着你。

來了新同事，辦公室愈來愈國際化，除了溝通的互相適應外，文化上的差距也要注意。這些經驗不錯，挺有趣。

現在最大的適應反而是在家務上。

好了，遲點再談。

Manson

Kris 和 Manson 讀完對方的電郵，都感到不滿足，不能充分了解對方的近況。Kris 投訴男友的內容太籠統，例如，Manson 新房子的租金、面積、方向、有多少房間、家具是否齊全合用，全都一無所知。另外，他的新同事是男是女？什麼國籍？多大年齡？他説要在家務上的適應是什麼意思？他不懂得做飯？還是不愛打掃洗熨？都成為 Kris 心裏一個個問號。

Manson 則覺得女友的內容很沉悶，只是一份日程表，又似初中生交給老師的日記，頗為「行貨」。Manson 對於女友什麼時候會晤過誰不感興趣，他關心的是 Kris 的工作開心嗎？她週末會不會因男朋友不在港而感寂寞？

其實，這對男女一個是實感型，一個是直覺型，他們發出信息和接收信息時，使用的方法迴異。故此，Kris 覺得已鉅細無遺地向男朋友報道自己的生活，但 Manson 卻覺得全是無關痛癢的細節的。同樣地，Manson 分享內心的感受、他的想像和企盼，女友看得一頭霧水，連基本的資料都沒有交代，粗枝大葉。

實感型和直覺型的接收信息方法迴異，並不存在誰對誰錯、誰好誰壞，他們只是不同。一對戀人若一位是實感型，另一位是直覺型，在溝通上和日常相處中，很容易感覺到分別，甚至因而產生摩擦。

這對情侶買了戲票去看二時三十分的電影，午飯後散步時，可能有這樣的對話（「實」代表實感型；「直」代表直覺型）：

實：現在是什麼時候了？

直：我們要遲到了。

實（驚訝）：現在是什麼時候了？

直：我們現在動身去電影院吧！

實（不耐煩）：現在是什麼時候了？

直（不解）：你為什麼問時間？

實（生氣）：究竟現在是什麼時候？

直（沒好氣）：現在差不多二時了。

第三組：理智與情感

	理智型（thinking）	情感型（feeling）
判斷／解釋所接收信息時的特質	· 客觀的、理性的 · 傾向用頭腦分析 · 對事件、數字有興趣 · 講求邏輯、原則	· 主觀的、感性的 · 傾向用心感受 · 講求靈活、個人價值
人際關係	· 鐵面無私，着重公平 · 忽視／不喜歡人的行為裏非理性的因素 · 能忍受不和諧，傷了別人仍未知曉	· 人情味濃，着重和諧 · 明白且認同人的行為裏非理性的因素 · 喜歡並需要和諧，喜歡討好別人（至少是樂意令人歡暢）
行為表現	· 循規蹈矩 · 有主見 · 冷靜超然 · 不介意作困難的決定（例如開除失職的下屬），就事論事，不介意是否受人愛戴 · 關注事件的結果和判決	· 因時制宜 · 易被人説服 · 投入並關注別人的感受 · 害怕並逃避面對矛盾或作困難的決定，希望和諧，怕別人不快 · 關注事件的過程及參與者的感受

再次在此聲明，理智型和情感型的分類，是指傾向／喜好而言；理智型的人並非沒有情感，不會完全不顧及別人的感受；情感型的人亦絕對有客觀分析的能力，不會只重情感而毫無原則。但當他們作判斷時，理智型和情感型「原始」的第一反應，的確不同。理智型和情感型的分野，與智商和工作能力的高低並無直接關係，你可以是事業成功的人，或是「十優狀元」，但同時是一個情感型的人。

理智型和情感型在傳統的性別典型裏更為突出：男性被視為理智型；女性則屬於情感型。在傳統的性別分工、角色期望和訓練裏，往往要求男性作分析和決定，判別對錯是非；而女性則是負責照顧別人，關心別人感受的。例如，母親會警告孩子：「你這次考試若再不及格，爸爸責罰你時，你到我跟前哭也無補於事。」故此，在一般的觀察下，理智型的男性和情感型的女性似乎較多、較明顯。但若說男女性別與理智型和情感型的性格分野掛鈎，則沒有證據支持。

剛開始拍拖時，Joshua愛Kathy的溫柔體貼、善解人意、對人關心；而Kathy則覺得Joshua很有頭腦、分析力強、有主見。無奈相戀日久，為小事爭吵不已，爭執過後，連為什麼吵起來都記不清楚，說不上來。以下是他們典型的對話：

Joshua：「昨晚？昨晚又有什麼問題？」

Kathy：「昨晚是我們認識一周年紀念，但我們卻沒有安排節目。」

Joshua：「咦，不是你說要加班，又疲倦，可以改日再見面嗎？」

Kathy：「我是這樣說過，可是，後來我又很想見見你，哪怕是十五分鐘也好。而且，你回了話就斷線，我……我以為你在安排給我一個驚喜哩！」（頗失望地）

Joshua：「……」（茫茫然）

Kathy：「過一會兒再打電話，已找不到你了。」

Joshua：「因為我們沒有約會，我便趁着大減價，陪 Douglas 去選購智能手機。而且，我們今天不是約會了嗎？」

Kathy：「你不覺得今天約會跟昨天約會有不同的意義嗎？」（沒好氣地）

Joshua：「但是，是你自己說要加班，又疲倦⋯⋯」（嘗試辯說、分析）

Kathy：「不要再說了，省得不開心。」

第四組：循規與奔放

	循規型 (judgement)	奔放型 (perception)
面向外界和環境的特質	·有系統、組織和計劃的處世態度 ·愛了解規則、界限，然後作決定 ·注重「今日」的任務	·彈性、走着瞧的態度 ·自發、即興，愛自由發揮和發掘可能性 ·注重「明天」帶來的新機會
行為表現	·按計劃、規矩行事 ·要明確知道原則並按章行事	·行事喜無約束 ·愛作試驗性質的事
日常生活	·喜預先安排生活日程表，控制時間運用，包括娛樂和工作 ·因計劃得宜，常能從容按時完成任務 ·家居、工作、環境均收拾安排得有條不紊 ·喜歡做完一件工作才開始另一件工作，工作按計劃逐項完成 ·計劃若需要改變，顯得不大情願，適應改變需時	·不預先計劃生活，順應環境，順其自然 ·總是最後一分鐘衝刺，剛剛好完成任務 ·家居、工作、環境凌亂、隨意 ·喜歡同時開始很多件工作，虎頭蛇尾，推遲不喜歡做的任務 ·不介意改變，能很快適應轉變

循規型和奔放型的差異，最容易造成人際關係、日常生活相處的緊張和壓力；他們很容易互相激怒，引起爭執。一對戀人如果一個屬循規型，一個屬奔放型，他們必須充分了解和尊重彼此的差異，取長補短；他們有時需要一點距離和空間，讓雙方各自安排發揮，在相處時，需要發掘、欣賞對方與自己相異之處。

Jessica 做事循規蹈矩，有系統、有紀律。她的家居一塵不染，被褥折疊整齊。她常計劃自己的生活，故 Timothy 初識她時，被她的自信、從容不迫所吸引。但相戀日久，Timothy 覺得與 Jessica 相處壓力很大。Jessica 每次踏足 Timothy 的寓所便看不過眼，房間永遠散落着喝了一半的罐裝汽水、舊報紙、拆開了的信件、乾洗衣服的提單、寫了一半的支票等。Jessica 總是忍不住幫他收拾整齊，Timothy 卻不喜歡，也不覺得需要，因為這些都是他未完成的活動——報紙未讀完。支票尚待寫好寄出。提單？噢，就讓它放着，遲兩天要去領回乾洗的衣服哩！

Jessica 覺得 Timothy 令她無所適從。明明約好了週末去看電影，碰面後 Timothy 卻說：「難得天氣這麼好，去郊外吧。」Jessica 沒有心理準備，覺得自己穿的衣服不對，也沒有準備郊遊應該帶備的墨鏡、帽子、防曬用品等。無論 Jessica 怎樣解說，Timothy 就是難以明白，為什麼 Jessica 的 T 恤、長褲和平底鞋的裝束不適合郊遊。另一次是赴朋友的婚宴，Timothy 忘了買禮券，在路過的精品店買了賀卡，把現金夾在賀卡裏送去。Jessica 為這事嘀咕了整晚，她覺得十分失禮，又擔心現金會遺失，總而言之，不應該這樣送賀禮。

Timothy 愈來愈討厭 Jessica 的僵硬、缺乏彈性的行事方法和生活安排，覺得她不但常以自己的生活習慣去批評別人做得「對」或「錯」，而且一點創意、幽默感和生活情趣都沒有。至於 Jessica，她覺得受夠了 Timothy 的雜亂無章、虎頭蛇尾、冒冒失失，有時甚至是不負責任、三心兩意、敷衍了事。

尋找你的定位點

根據《梅耶——布厘格性格差異顯示法》的性格分類，從上述的四組性格類型，可細分出十六種性格。

<table>
<tr><td colspan="2" rowspan="2"></td><td colspan="2">實感型</td><td colspan="2">直覺型</td></tr>
<tr><td>兼理智型</td><td>兼情感型</td><td>兼情感型</td><td>兼理智型</td></tr>
<tr><td rowspan="2">內向型</td><td>兼循規型</td><td>ISTJ</td><td>ISFJ</td><td>INFJ</td><td>INTJ</td></tr>
<tr><td>兼奔放型</td><td>ISTP</td><td>ISFP</td><td>INFP</td><td>INTP</td></tr>
<tr><td rowspan="2">外向型</td><td>兼奔放型</td><td>ESTP</td><td>ESFP</td><td>ENFP</td><td>ENTP</td></tr>
<tr><td>兼循規型</td><td>ESTJ</td><td>ESFJ</td><td>ENFJ</td><td>ENTJ</td></tr>
</table>

註：**E** 代表外向　**I** 代表內向　**S** 代表實感　**N** 代表直覺
T 代表理智　**F** 代表情感　**J** 代表循規　**P** 代表奔放

在這十六種性格中，你要先找出自己的性格定位，外向或內向？實感或直覺？理智或情感？循規或奔放？

接下來是定出自己的性格傾向，例如，假如你傾向外向（E）、直覺（N）、情感（F）和奔放（P），那麼你的性格就是 ENFP，而梅耶——布厘格透過研究，總結出不同性格的性格強勢。我們並不在此提供相關的性格評估工具，亦不打算再深入介紹其複雜的性格強勢的理論，假如你有興趣多了解，可透過本書的延伸閱讀提供的資料作評估測試。

這套性格分類，幫助你認明自己的性格特徵，連梅耶自己也說，運用這個性格分類方法，大部分人很容易就辨認出自己屬何種性格，也很容易認出你身邊熟悉的人屬何種性格。

找尋相匯點

這個世界需要不同性格類型的人來增添姿采，一個家庭也需要不同性格類型的人來互相補足。

運用這四對性格類型，你可以初步了解你和愛侶的性格傾向有何不同。有些人以為性格相同才是佳偶，的確，性格相同較「同聲同氣」，但你們也有一起忽略、缺少的部分。例如，兩個人同屬內向型，可能在相戀後十分享受寧靜的個人空間，更疏遠了朋友，到兩人之間出現誤會時，就沒有可信任的熟人居中調停；兩人都沉默內斂，各自揣測對方，都不肯採取主動，既不喜歡自我表白太多，稍微感到矛盾衝突便各自儘速逃躲，以致誤會日深。也可能兩個內向型的人相戀後，都需要個人的空間時間，日子久了，兩人變得像朋友多過像戀人，因為畢竟他們想要分享、溝通的事物並不多。

又或者一對奔放型的戀人，他們互相欣賞，十分「夾」，但相處久了，他們發現兩人經常拖延甚至忘掉要完成的任務（例如答應為家人購置電器，不是忘記了，就是一直在考慮何時有更好的新型號），預購的音樂會門票總是不翼而飛，還互相詰問：「門票不是夾在你的錢包裏嗎？」

一般來說，性格相同的戀人的生活方式、感受、處事均較易溝通和互相了解，但弱點和缺失也相近，故少了互相提醒、補充的功能。

互補長短

不同性格可能較易引起衝突，但正如前述：沒有一個人是不能改變的、百分之百的內向或外向型，你們定能在性格傾向的兩極中找尋你倆能和諧、舒暢地相處的相匯點，不會各走極端，是最好的相處方式。

例如，理智型的人在作判斷時應多留一點空間，聽聽情感型愛侶的內心感受，學習關注和尊重他的需要，縱使有時你覺得對方的需要是非理性的（例如，明知自己生病應該休息，但他還是想見你，不為什麼，只是想陪伴在側）。而情感型的人亦應學習理智型愛侶的客觀分析，處事講求原則，不能因怕不和諧而姑息養奸（例如，嘗試明白愛侶辭退懶惰又會偷竊的菲傭，雖然你覺得讓她做到約滿也只不過多兩個月，或者你為菲傭難過，因她家中有三名幼兒需要養育）。理智型和情感型的人作判斷時，因着眼點不同，若能嘗試找到二人能夠溝通、互相理解、共同妥協又感到舒暢的相匯點，他們的決定通常會是情理兼備的。例如，理智型要求情感型的愛侶爭取時間休息，所以答允對方多聊一陣子；情感型能說服理智型愛侶在辭退菲傭時清楚告知原因，好言相勸，另額外多送她一點錢，減少她的徬徨。

內向型跟着外向型的愛侶多四處跑跑，學習對方多接觸人、多聽聽別人的觀感、多參加不同活動的處世方式，使生活更添色彩；也嘗試採用較直接的溝通，讓對方較易捉摸你的感受和喜惡。至於外向型的人，也需留一點時間，讓內向型的愛侶可休養生息，試用不同的溝通方法，例如，寫電郵/網誌，送他一首最愛的歌，或翻閱他最近讀的書和雜誌，藉此分享對方的內心世界。如果他跟你外出，別勉強他像你一樣容易投入人多、陌生的環境，別勉強他跟你一樣多言、交遊自如。

找尋相匯點，是愛侶兩人共同的努力，你們需要了解自己和對方性格的特質，借用對方的強處，來補足自己的弱點和盲點，發揮互補、相輔相成的功用。這個相匯點不時在兩極性格中間的廣闊空間地帶滑動，相處日久，你倆的互相了解愈真切；有了默契，你們的相匯點較易定位或調整，不但能同時發揮你們的長處，且愈創意無限。

與不同性格戀人共處的兩個關鍵

1 分工合作

愛侶性格類型不同，亦可嘗試運用分工和創造空間，以減少衝突，以及各展所長。

例如，實感型和直覺型的戀人若要安排假期，實感型的人不妨鼓勵直覺型的愛侶表達感興趣的活動、地點，實感型的一方蒐集資料後，按他們的財力、假期長短、體能等條件去計劃假期。若然直覺型的一方渴望到歐洲旅行，希望能遠足，有水上活動，又可遊覽多過一個國家，並好好休息，但假期只有十二天；實感型的愛侶遂跑遍各大旅行社或上網看看其他人如何規劃行程，行程中有文化觀光、暢遊萊茵河；最後在瑞士結束行程，他們留下在山中多住兩天，可以遠足並享受小鎮風情。實感型負責訂位、做手續，而直覺型則自然會閱讀萊茵河傳說、法國博物館和畫廊介紹，或與地點有關的傳說和故事，增加這次假期的趣味。

戀人找出各自性格的長處，適合負責什麼任務，按此分工，互相鼓勵對方盡展所長，以便相處時能享受對方的好處，亦可分工合作；另一要點是不強迫對方用自己的方法做事，信任對方，讓他按自己方法和進度來完成任務。

2 創造空間

為自己和愛侶預留空間，亦屬必要。正如我們了解，性格傾向是先天因素，加上後天的條件，長時間反復演變發展出來的；每個人都可以作相當程度的改變，但總是流露自己性格傾向的時候最輕鬆、舒暢和順心。兩人相戀，若性格傾向相異，互相協調適應實屬必須，但也可以為自己和愛侶創造、預留空間，一則可減少不必要的衝突矛盾；二則可以讓雙方在各自的空間內休息、伸展。

空間可分時間、環境和心靈空間。

內向型的男士可不時鼓勵外向型的女朋友自行安排參加社團和會晤朋友的活動。外向型的一方既可獲得所需要的社交活動的刺激和歡愉，也不必擔心內向型男朋友會覺得孤單、被遺忘；因為他不時需要獨處、安靜的時間。與其經常勉強他陪伴左右，倒不如適當地給予各自獨立使用、安排的時間空間，各得其所。

循規型和奔放型的男女需要最多空間，因為這個配搭，最容易因日常生活安排的差異而導致衝突。因此，循規型和奔放型可以嘗試用彈性的時間空間來相處，例如循規型可坦白告訴奔放型，這個週末計劃如何度過，奔放型可自由參加，但最好預先知會。奔放型往往遲遲不下決定，而循規型最好別逼他表態，也別期望對方依自己的計劃活動，只在心理上準備他隨時會加入。

當循規型要按時限完成某項重要任務時，他儘可告知奔放型，預先謝絕他的邀請（騷擾）。奔放型大可討價還價，要求每個月的奇數週末由他作主，循規型要陪他隨興之所至地活動。當循規型忍不住動手整理奔放型凌亂的環境，或逼他把未完成的任務做好，奔放型可提出抗議，說明自己「亂中有序」，討厭別人設定的計劃和界限。

循規型和奔放型亦可創造環境空間來劃分領域，各自掌管自己的空間，不沾手、不批評對方的領域。例如，循規型必須嚴厲警誡自己不可去收拾、甚至不可進入奔放型凌亂的房間、廚房、辦公室。如果婚後要共用一個睡房、書房等，則環境空間可細分為各自擁有一張專用書桌，或把衣櫥分為左右翼，各自管理自己的專用區域，互不干擾；奔放型也須學習耐心等待循規型仔細地整理書桌，而錯過了一些預先安排的節目。

循規型明明知道，奔放型愛侶下星期要交的功課至今還未動筆，攤開的書本和散頁的資料堆滿桌子，而自己這方面卻早已寫好稿，稍加整理便可完工。循規型的想法可能是：如果你早點完成，我們就可輕鬆約會，沒有壓力了。而奔放型覺得，就算未完成，也可與愛侶約會耍樂，毋須緊張；又或以為還有一個星期才要交，你急什麼？我要醞釀成熟才可下筆，你不同？那不要管我。循規型嚴厲的督促催逼，換來自討沒趣。到了「死線」前一晚，循規型知道奔放型已兩個晚上徹夜不眠地趕工，又心痛，又生氣，但奔放型卻說：「我只有在晚上才有靈感。」「我很有成功感，看，我兩晚之內已完成了一大半。」就算如何焦急，循規型最好只表示關心、支持，應預留一點心靈空間，讓奔放型的愛侶以自己的進度和做事方法來完成任務。循規型的你，充滿了焦慮和擔憂，只因你是你，奔放型的他倒沒有這煩惱。

性格差異並沒有對或錯。保持各自的心靈空間，讓各人擔當自己的重擔，以自己的方式、進度行事，為自己負責。預先的催促，甚至指摘，徒惹反感和爭執。

循規型的人，不妨向文字工作者討教，學習如何保持奔放型人士的心靈空間。因不少作者是奔放型的，死線未臨頭，總是不動手。編輯溫言婉轉地提醒，陪伴奔放型的作者奔走，時快時慢，總是保持適當的距離，不窒礙對方的心靈空間，支持他醞釀、加速、發力，直至完成。

戀人之間因性格不同而產生混亂、誤解和摩擦，但若雙方願意開放心靈去學習，了解誤會從何而來，學習積極處理，相處並不難。

你的情人無可救藥？

你或許會問，是否有某種無可救藥的性格，是不適宜談戀愛或進入婚姻的呢？我仍然會説，沒有一種性格是無可救藥的，但「任何」一種性格的人若走向極端，缺乏彈性，或不肯因環境、愛侶的需要等因素而作出調整和改變，則在戀愛和婚姻中肯定吃盡苦頭，也錯失在戀愛、婚姻中自我成長，以及與愛侶共同成長的良機。

是否有某些性格配合「對」了的愛侶，就不會有摩擦？我的看法是：任何人相處，都可以配「對」，因關係的建立和發展端賴兩人的互相認識、接納和尊重，每一對戀人都有責任為雙方的關係而努力。不同的性格配對，會帶來不同的、獨特的美滿和困難。

困難若由於性格類型的不同而引起，面對困難時，愛侶可以選擇消極地抗拒對方與自己的相異之處，指摘對方錯謬和帶來破壞，拒絕對方；也可以選擇自卑地認為自己的性格有問題，自己的需要、想法或感受是錯的，變得沮喪、退縮，沒有勇氣面對困難。

但，更寶貴的是，愛侶積極地認定兩人的相異之處是合情合理的，兩人都可以是對的，只是，兩人之間存在「有趣的差異」(interestingly difference)。愛侶將認識和發掘這差異視為有趣的活動，為你倆面對同一件事，竟有如此不同的反應而讚歎；經過溝通協調，找出雙方都可接納的方案。事實上，找尋相匯點、創造空間和分工，都是積極、有效和充滿創意奇趣的相處之道。

溫馨提示

戀愛配對

* 認識自己、認識對方是什麼類型
* 尋找你們之間的相匯點
* 找出各自長處，互相鼓勵
* 面對事情時，彼此分工，發揮所長
* 相處困難時，彼此尊重、接納和欣賞
* 發掘彼此有趣的差異

溝通平衡木——六種平衡之道

相愛的人未必能相處；學習相處，溝通是最基本的條件。溝通的重要性並非人人知悉，就算知道，也是知易行難。要在戀愛中，持之以恆、暢通無阻的溝通，必須掌握六大平衡之道。聽來駭人，但請不要灰心，你一旦掌握了，勤加鍛煉，就好像在平衡木上訓練有素的體操運動員一樣，必有成功自豪的收成之日，並能享受在平衡木上揮灑自如的樂趣。

1 感受和思想的平衡

一對戀人要透過溝通去認識對方，必須同時重視溝通感受和思想。

例如，兩人要計劃旅行、送禮，甚或是計劃婚禮、未來的生活等，若只側重溝通思想、分析資料或細節，忽略了溝通感受，很容易引起誤會，可能其中一方把未能表達或未有機會宣洩的感受收藏起來，兩人的關係便會築起阻隔的牆。

中國傳統的教導和訓練並不鼓勵表露感受，特別是消極／負面的感受，如憤怒、哀傷、沮喪、妒忌、不快、沉悶等。中國人強調的是合羣、自我控制和壓抑、紀律與服從。感受純屬個人領域，要是與人相處時，能收藏或消解個人感受，才是好的；羣體的利益、方便和面子，永遠是第一位；處人處事表現得理性、以大局為重，代表有修養；鬧情緒、講感受，均是耍小孩子脾氣的表現，不夠成熟。

本來，這樣的教導有利於羣體生活，但卻有失平衡。一直以來，中國人不但不習慣、不懂得表達感受，甚至對於自己的感受異常陌生、不認識，或在它浮現時就將之合理化，用理性解釋、用意志壓抑。

收藏壓抑了的感受，會轉化為其他形態出現。例如，憤怒會變成一大堆反對的「理由」，你反對某件事，可能並沒由來，而是因為你對某人、某事或某種處境心懷憤怒，而你不認識這種憤怒，不能或不懂得表達。有些人的感受長期受壓抑，轉化為心身性的（psychosomatic）病徵表現出來。

故此，在戀愛過程中，兩人互相認識，溝通思想、背景或生活細節，固然有助於促進了解，但溝通感受亦甚重要，斷不能忽略。

另一方面，無論東西方社會，均剝削男性表達情感的權利，不欣賞甚至不容許他們表達恐懼、退縮、憂慮、猶豫、失望等感受；男性永遠必須表達自信、勇敢、英明、無畏、積極的一面。在談戀愛的時候，囿於這些社會壓力和角色期望，許多男性比平常更刻意地收藏自己某部分的感受，造成溝通的阻礙。

此外，情感型的人善於理解和表達感受，而理智型的人則側重溝通思想，雙方如何互補平衡，前面已討論過，在此不再贅言。

認識感受、表達感受都需要勇氣和接納，也需要較多的耐性和時間。清楚溝通感受，與互相溝通思想相輔相成，不但能促進你和愛侶間的互相了解，也會令你倆的情感跨進一大步。

2 行動和言語的平衡

李太在友儕中是出名的賢妻，不但大方得體，獨立能幹，持家有道，且性情溫柔忍耐。可是，李先生私底下，或者在公眾的場合，從來不稱讚妻子。他的觀點是：我對她、對家庭負責，她所安排的我都照單全收，已屬欣賞，何須表諸言語？

這是「行動勝過一切」的說法。

用言語表達，直接、清晰而公開；用行動溝通，則較間接、需要解釋，但信息強而有力。哪一種溝通方式較好、較有效，難分軒輊。

一對戀人的溝通，最好能行動和言語平衡。你常對愛侶甜言蜜語，愛意當然能暢通無阻地表達，讓對方接收；但若你只說不做，毫無行動，例如，生病時，你不肯陪伴他去看醫生，寧願躲在家中睡懶覺；他遇事困惑徬徨，極需援手時，你愛理不理，不積極以行動解困；你從未留意他的匱乏，不肯花錢花心思送小禮物；言而不行，會令愛侶對你大失信心。

但光有行動，沒有甜言蜜語，也不理想。對行動的解碼因人而異，有言語輔助，才夠清晰，免生誤會。不少戀愛悲劇就是因為缺乏清楚的言語溝通，導致產生重重誤會和不能修補的裂痕，以分手告終。

亦有不少愛侶只側重行動，對方不能肯定你的好感，甚至誤以為你討厭他，又或者以為你的行動是向他身邊的人示愛，造成「錯摸」。輕微「錯摸」最多只是笑話一場，澄清完就算了；若「錯摸」帶來心靈傷害，你倆的愛情路就會蒙上陰影。

3 聆聽和傳達的平衡

良好的溝通，雙方均能適當地傳達自己的信息，並能互相聆聽。

要能傳達自己的內心世界，首要條件是你認識自己。許多人對流行的玩意和服飾如數家珍，甚至對城中熱門話題、名媛影星的生活細節十分清楚，但極少往內看，忽略自己的內心世界。

當兩人相戀，要與戀人互相溝通、相處、建立關係，必須先好好認識自己，才能盡力向愛侶傳達你的內心世界。

有位女孩子告訴我：她十分認識自己，將來她談戀愛時，也會坦誠開放地向對方傳達「真正」的自己。其中一個重要的信息是：她自幼在貧乏中長大，故此，她談論婚嫁的對象，最好有經濟基礎，使她能享受舒適的生活。正如一位男士提及，他若談戀愛，必會清楚向愛侶表白，並約法三章：在戀愛以至婚後，讓他保留一定的個人空間，他討厭讓任何人充塞他所有的時間和心靈空間，而且，他保留養寵物的權利。

當然，我們不排除愛情具有無比魔力，有些人在談戀愛或婚後，會在思想、感受、生活安排、興趣上有改變，但你的基本責任是認識自己，並把「真實的自己」向對方表達，讓對方認識你，決定是否與你繼續這份感情。如此可減少「因誤會而結合」的機會。

有些時候，我們安靜下來，觸摸到自己內心軟弱、怯懦、憤怒、妒忌、自私、不可愛的一面，若要將這「真實的我」向戀人傳達，確實需要勇氣。我們要傳達自己不太可愛的一面時，內心有所恐懼，怕一旦表白，對方不能接納，或破壞了自己在對方心目中的美好形象。向對方傳達自己，也需要勇氣。

Joey與Herman相戀年餘，Joey赴加拿大深造，Herman大表支持，但Joey卻忐忑不安，她既想把握機會，但又對一向受女孩子歡迎的Herman放心不下。Joey對這份感情、對自己，都缺乏信心。但又為自己的想法感到慚愧，也覺得對Herman不公平。在掙扎中，Joey感到自己自私、猜疑、不可愛，她需要勇氣，才能向Herman傳達她的掙扎。

某些情況下，愛侶的某些言行、價值觀會令你不能苟同，你想表達自己的真實觀感，這時更需要勇氣。

Chelsea 與 Jeremy 戀愛三年，感情日深，Jeremy 雖是專業人士，月入數萬，卻經常入不敷支，成了「月光一族」。原來 Jeremy 不時將大筆儲蓄甚至向銀行借貸，轉而借給他的哥哥。他哥哥沒有固定職業，常投資不同生意，十年下來，他接二連三創業失敗，加入炒樓行列亦「損手」離場，最近轉而炒股票。Chelsea 覺得 Jeremy 的哥哥需要職業輔導，或找份安穩的工作。

Chelsea 知道 Jeremy 與哥哥感情深厚，談論這問題時一定引起誤會和反感。但轉念想到，她與 Jeremy 已到談婚論嫁的階段，婚後的家庭經濟必須共同處理，而 Jeremy 對兄長無限量的經濟支持，會成為婚姻中的計時炸彈。與其把自己的感受收藏，不如現在坦白表達，或者 Jeremy 能道出充分的理由或解開心結，澄清他為何必須這樣支持兄長，讓 Chelsea 調校想法，亦未可知。

鼓勵你的愛侶有勇氣和意願向你坦誠地表達，你可由表達自己開始，有來有往的溝通，變成日常生活的一種習慣。

另一方面，良好的溝通要有傳達者，同時亦需要聆聽者。光有傳達，你自說自話，表達自己之後，發現對方沒有聆聽、沒有回應，你會覺得自己好像對着牆壁說話，日久自然就會放棄傳達。

傳達需要你有勇氣採取主動，聆聽則要求你開放心靈，聚精會神地接收對方的訊息。聆聽對方說的話，和沒有說出來的、字裏行間的弦外之音，你必須運用所有感官：耳朵、眼睛、嗅覺、觸覺，去觀察、去感受對方，才能全面而完整地捕捉對方所傳達的信息。

Ronnie 申請升職失敗，告訴女友 Tracy：「沒有什麼，我早有預感這次升職不易成功，下次再嘗試吧。失敗乃成功之母。」但個多星期以來，Ronnie 沒精打采，對任何活動都失去興趣，也鮮有笑容。Tracy 勉強把他約出來了，Ronnie 也是十分沉默，提不起勁。憑 Tracy 的觀察，這次的失敗給男友的打擊不輕，只是他沒有宣之於口，但他的行為把沒有道出的信息表達得清清楚楚。

對對方存在定見，甚或偏見，不能做到真正的聆聽，只會選擇性地聽，或你預計會聽到的信息。每當愛侶開始說話，你的定見／偏見已經在腦海中為他做「填充題」，用你的想像來完成對方未完的話。例如，他說：「我昨天經過汽車行，見到今年又出了很多新的款式……」你把耳朵（你的接收器）關掉，在腦海中為他填充下面的話：「新型號特色在於車尾的流線型設計，定風翼特別講究，最好看的顏色應是金屬香檳色……」沒想到，他這次原來是說：「他們愈多出新型號，我愈覺得為趕潮流而換車是很傻、也很奢侈……」

這是一種不尊重對方的表現，對方很快會察覺，會覺得受傷害，表達的動力和興趣也驟減。用開放的態度聆聽愛侶，能更新對他的認識。

不少戀人交往的日子久了，在聆聽時往往缺乏耐性。沒有聽完整個信息就開始心不在焉，或者聆聽到一半時魂遊象外，翩翔萬里後才返回現實。也有人邊讀報、看電視、聽歌、玩手機，邊「聆聽」。你以為對方並不介意。但這種不專注、不集中的聆聽，不但聽不到對方的信息，也打擊對方表達的動力，既浪費時間，也傷害感情。而且，在你心神恍惚之際，往往會錯失最重要、又最內心的感受表白。

有一位男孩子告訴我：女朋友提出分手，他竟然沒有即時察覺，未立即加以挽留或追問。直到數天後，一直找不到女朋友，追問之下，才發現對方已道出分手，只是他沒有聽清楚，仍粗疏地以為她在鬧彆扭、發脾氣。

不懂得聆聽，你會錯失良緣，或者失掉重修舊好的良機。

4 態度和技巧的平衡

溝通也需要有適當的技巧來表達和接收，技巧包括語言的、非語言的。

語言的溝通技巧指聲音、話語，和說話的速度、聲調、用詞遣句、聲量，或發出的國際通用語言如笑聲、噓聲等。當你與愛侶冷靜地討論某一事件，你們的聲調、聲量和速度都表達出你們的冷靜程度：聲調不會太尖或太沉，聲量不須太大或太小，說話緩急有致。但當你發現愛侶向你撒謊，或有所隱瞞，你可能被憤怒和失望沖昏了頭腦，說話的速度急迫、聲調提高、聲量不自覺地愈來愈大；在怒氣中，你指摘的話語也可能較尖銳，在在都表達了你當時的情緒和感到受傷害。

非語言的溝通技巧指一個人的眼神、面部表情、身體動作、坐姿、與他人的身體距離、身體的氣味、衣飾打扮、行動的速度和姿態等。例如，當你跟愛侶邂逅之初，仍未熟稔，很想給對方留下好印象，約會前必悉心打扮；約會時，你們的身體動作和坐姿，均保持一般社交的距離和禮貌；眼神和表情表達了喜悅、積極、友善、投入和對他／她的欣賞，但都是含蓄的，不會太過着迹。到了你們熱戀時，含情脈脈的對望、甜蜜的笑容、手牽手肩並肩地走路，都自然地表達了你倆的親近。

其他溝通技巧如文字、音樂、圖像光影、環境佈置等，都能傳達心意。情書是千古不變的示愛方式，當然，投寄情書的方法有千百種，由古時的飛鴿傳書，到現代的電子郵遞，透過豐富的文字，定能溝通你倆的情意。藉着音樂找到知音引起共鳴，或為你所愛的人畫一張卡、親手造一個蛋糕、栽種一盆花，或把家中的一角佈置得輕鬆舒適，與愛侶在那溫馨的角落喁喁細語，都能表達你的情意。

溝通是傳達和接收信息的過程，態度可以是積極、熱切、尊重、誠懇，也可以消極、粗疏、輕視、敷衍。態度使對方採取相應的技巧。你若十分渴望向愛侶傳達愛意，則會持續不斷地運用（自覺或不自覺地）各種溝通的技巧來表達。約會時，你們會動用了語言和非語言的各種表達，各自回家後，睡前還要補上一電話、短訊，也不嫌累不嫌煩。縱然常常見面，你們還會透過其他方式表達漲滿心中的澎湃思念和戀慕，或短訊或別出心裁的小禮物，陸續往還，凡此種種，都出於你基本的態度——重視這份情和對象。就算你們中間生了誤會，亦會盡一切方法、技巧來解釋澄清，絕不含糊了事。

若你的態度消極、可免則免、粗疏、輕忽，就算你擁有上佳的溝通技巧，也不會去運用。你的伴侶有無以下狀況出現？

- 投訴你與其他人溝通無阻，但偏偏聽不到他所說的話，捉摸不清他的心意？
- 別人都察覺他近月來顯得消瘦憔悴，獨你視而不見？
- 你是否覺得愛侶愈來愈囉嗦、喋喋不休？
- 你有時佯裝在聆聽，其實心不在焉？
- 你跟愛侶漸漸減少溝通，說話也只是寥寥幾句，最好別多說，能省則省。

這是因為你倆的溝通態度出了差錯，你或對愛侶變得輕率，不珍惜；或是你以為已很熟悉對方因而變得粗疏大意。

光有良好的技巧，但態度不夠誠摯，假以時日，這種偽裝很容易露出破綻。若態度積極尊重，可惜技巧太差勁，詞不達意，缺乏想像力，起初對方了解你的態度，當然也能欣賞你的真誠，但長遠來說，你仍須掌握若干技巧，別老讓對方單方面揣測；否則，一旦有誤會，較難澄清；你倆複雜的內心世界、思想和感受，也難以深入表白，在互相認識、建立感情方面易趨單薄膚淺。

過去十多年，香港人發展出一種獨特的「嬉戲文化」，用以面對痛苦、緊張、憤怒和失望。「嬉戲文化」尖刻、極端，透過冷嘲熱諷、誇張、說反話、給人起渾名等方式來表達；至於溫情的另一端，就是用輕鬆的態度來容納生命中的無奈和不快，幽自己一默。溫情嬉戲態度的人，遇事不緊張，不致被打擊得一跌不起，不硬接迎面襲來的痛苦，卻輕巧地左閃右避；或將惡劣的事無限淡化，令自己好受一點；或用無窮想像力，為失意或意外添上「卡通」、荒謬、「無厘頭」或趣怪的色彩，誇張失實至失笑。

這種港式的「嬉戲文化」，充滿創意、彈性和生命力，成為香港人的情緒緩衝、發洩方式，甚至是心理的防禦機制（defense mechanism）。它不失為一種非常時期的溝通技巧，幫助你倆度過難關。

例如，愛侶這陣子工作壓力大，常無意中向你發脾氣，你明白這是無心之失，因此用適當的嬉戲方式舒緩對方的壓力，同時用「輕功」去閃避對方的無心之失，免傷感情。你們可創作一些渾名或暗語來彼此提醒別亂發脾氣，例如，每次你發現他情緒緊張，可以甜蜜的暱稱「橡根仔／女」、「笨豬跳」(bungy jump) 取代發脾氣，他會向你道歉，因昨晚不慎又玩了一次 bungy jump。

當然，若「嬉戲文化」變成你面對現實的「惟一」方法，或甚至轉化成為你對人生、人際關係的基本態度，終有一天，某些事、處境，會逼使你返回現實，面對你曾短暫躲避過的人生種種喜怒哀樂。況且，一味的嬉戲，很難建立誠實和觸動內心的感情，也不能幫助你倆處理重要的決定。切勿以此為惟一的舒緩、防禦機能和溝通方法。

5 相處時間質與量的平衡

前述四方面溝通的平衡，都有一個共通點，就是需要時間和心力，缺乏足夠的時間溝通是大忌；空有時間卻未能好好運用，也是枉費，故此要重視長度和素質（quality time）的平衡。

愈來愈多研究指出：夫婦、親子之間嚴重缺乏溝通，每天碰面的時間少得可憐。夫婦之間平均每天只有十分鐘單獨相聚（一起睡眠當然不計算在內），父親每天只有六分鐘與孩子相處；這樣的時間長度，怎可能健康、全面、暢順的溝通呢？大家還未熱身，已經各忙各的，甚至還未談話已各自離開。現今資訊交通發達，由於工作所需，父或母、妻子或丈夫、愛侶們，都經常四處奔波，甚至長期分居兩地，相聚變成要額外花許多努力來安排的「非常態」，如此怎能發展出穩定、足夠的溝通時機呢？

「當我需要你的時候，你總不在我身邊。」這是許多人對愛侶的埋怨。長期缺乏溝通、相聚；生病、沮喪、失望、憤怒、恐懼、徬徨時要單獨面對，之後又未必有機會向對方細訴；成功、快樂、雀躍、興奮時都未能共享，愛侶漸漸習慣「沒有你」的生活！長此下去，他慢慢知道分別在哪裏！就是因為「有你」，使他／她失去自由和權利去找尋一個真正對他有興趣、肯關心的人，一個能分擔的人。

就算你們有足夠的時間相聚，卻沒有好好運用，也不能溝通和培養感情。有些情侶約會，一個仍埋首自己的工作／手機，另一個不停接聽電話，繼續公事或私人交談，或者把約會的優先次序排在最低，往往在最疲倦、最沒精神的時段約會，兩人都疲憊不堪，心不在焉，歸心似箭。有些人把約會當作「間場」，放在連串工作會議和應酬的夾縫中，與愛侶約會時，腦海中仍被工作的難題困擾着，人在心不在，勉強擠出時間，根本無法投放心力在眼前人身上，遑論溝通了。這樣的約會，再多的時間都是浪費。

6 記憶和忘記的平衡

在溝通時，你若能常常回憶或重述對方的好處、對你做過的美事、一起經歷過的趣事、溫馨的片段、曾觸動你心的小節，都能幫助你們重溫過去一切的美好，給你們信心去面對目前或將來的困境，也讓你表達對對方的欣賞。重溫幫助你記憶這一切美好和對方的優點，使你一次又一次肯定自己的選擇，發出由衷的微笑。

溝通時也要學習忘記，忘記對方以往已承認的錯，不翻舊賬，不重揭瘡疤。忘記的基本前提是原諒和接納。假如你一再重提過往的不快、對方曾經犯過的錯、這分感情帶來的傷害等等，不但無法幫助溝通，反而惹起愛侶的羞憤和自衛，使你倆之間的傷害難以痊愈，裂痕越發擴大。

Michelle 的工作一向十分忙碌，本來與男友 Derek 的約會時間也不多。那年，Derek 的母親病重，數度生命垂危，但 Michelle 都沒有抽時間前往探病，或陪伴 Derek 共度憂心忡忡的時刻，為此 Derek 口出怨言。雖然 Derek 的母親終於捱過這場重病，逐漸康復，而 Michelle 亦為自己的疏忽而後悔，多番道歉，但 Derek 始終耿耿於懷，沒有真正原諒 Michelle。日後遇小故爭執時，Derek 常舊事重提，令 Michelle 非常反感，也覺得很受傷害，兩人感情亦日漸疏淡。

在溝通中回憶美善，多表達欣賞；清洗舊傷痕，在相處中不再提起，你們才能愈享受溝通，感情愈鞏固。

溫馨提示

戀愛溝通

*溝通彼此的感受和思想

*言語和行動的溝通缺一不可

*要聆聽對方也不可忽略表達自己

*學習各種溝通技巧

*相處時間質與量並重

*對方有些事要緊記，有些事則最好忘記

第三課

相知

戀愛路上的十二個如果

一對男女戀愛，並不一定常常能畫上完美句號。要造就一段美滿的戀愛關係，不能單靠初遇的興奮，更重要的，是在往後的日子，二人携手同行。透過互相認識，發展憂喜與共的感情，培養共度艱難的能力。最終步伐一致，情願相屬相偕，才能步入結婚禮堂，互許終生，以承諾開始婚姻的新里程。

第一步 如果我們邂逅

張諾詩，今年二十六歲，自幼與父母、三位兄長和妹妹，住在一個私人屋苑的中型單位。父母是典型的上一代，營營役役工作養家，子女逐漸長大，他們少了為子女操心，剩餘的時間精力用來吵架。

三年前，諾詩的妹妹諾恩從護士學校畢業，正式投入工作。由於工作需要輪班、上下班時間不正常，所以搬到醫院附近獨住。三位兄長都先後結婚另築愛巢。諾詩大學畢業後，在大學做行政工作，平平穩穩地生活。兄妹們搬走後，房子一下子變得更大更空洞，父母爭執的時間更多了。只是，諾詩不忍借故搬走。

每逢父母開戰，諾詩只得躲在房裏，真受不了時，就踫對鞋到屋苑的平台、商場蹓躂，等戰況稍微緩和才回家。這樣走動多了，遂養成吃宵夜的習慣。如無約會，每晚十時二十分，到商場的小店吃一碗菜肉餛飩或蓮子蛋茶，有時索性帶本書在珍珠奶茶的店子裏多坐一會兒，然後到面海的平台散步。十一時過後，估計兩老大概已暫時休戰，才懶懶地回家看晚間新聞。

這私人屋苑面積不小，加上位於九龍和荃灣的轉匯站，人流如鯽，住客和過客都很多，晚上十分熱鬧。諾詩就是喜歡它這個樣子。不知怎的，諾詩愈來愈怕靜，只要所處的環境人少一點，她就很容易感到淒涼，也許是跟拍拖五年的俊分手的後遺症吧？

7月10日

今晚，諾詩又被這種蝕骨的寒意襲擊，心中戚然，撥弄着浮在碗中的餛飩，食不下嚥。

「最討厭颱風，把人都趕回家，弄得街上冷清清的……」諾詩再次放下筷子，望着玻璃門外被疾風捲得上下翻飛的舊報紙。

「張小姐，天文台即將掛起八號風球，我們要立即收舖了，對不起咯。」飽餃店的駱太太，圓臉堆上笑容來送客。

「噢，對不起，我阻礙了你們……」

「別說傻話，如果不是颱風，你多坐個把小時都可以。啊，對了，外面風大，街上又靜，李先生，你不是住第十四座嗎？可以跟張小姐一道走，照應一下嗎？」

駱太太像照顧女兒一樣，也沒有問諾詩的意見，「張小姐，這位是李先生，跟你住在同一座的，也是我們的熟客，一道走吧。這種大風大雨的晚上，女孩子一個人走在街上，怪淒涼的。」

就是這樣，張諾詩認識了李傑。

諾詩記得第一次見傑時，看着眼熟，傑笑説在屋苑的食肆也見過諾詩好幾次。他説：「我特別注意到你，是因為這麼晚了，食肆裏通常是單身男子，或者夫婦、情侶泡餐廳，甚少單身女子。」

那天晚上，諾詩沒有説什麼，只好奇地打量他，覺得他面孔很好看，只是整個人略瘦。當時諾詩還在想：「奇怪，愛吃宵夜的人，這麼瘦。」

往後，諾詩不時在宵夜的店子裏碰見傑，兩人很自然地挪了碗筷一塊兒坐，有説有笑。這種偶遇維持了兩個多月，後來乾脆相約翌日碰面的時間和店子。這晚間小聚，由偶遇變成定約，稱呼逐漸扔掉「先生、小姐」的客套，有時談得投契，則由食肆移師，轉到海邊或平台花園繼續談。

風季過去了，今年的秋天匆匆來到，九月下旬，早晚已有涼意。諾詩趁週末收拾衣櫥換季，赫然發現今夏多購置了七、八套便服。她歎口氣，坐下來寫網誌，讓心中幾許疑惑，從心底溜出來。

9月30日

晚晚與他見面，打從七月上旬颳第一個颱風的晚上，我們從陌生人變成親切的朋友、宵夜的良伴，我竟習慣了他的陪伴，他在我生活中，成了一個主要的部分。

我不能自主地開始感到他在我心中的分量。他又怎樣看我呢？我愈來愈看重這晚間小聚，穿得愈來愈漂亮，他可有注意？

日間工作清閒時，我竟不時想起他，想起他的幽默、健談、對人對事的關懷……真煩惱啊，我猜自己是自作多情。對他來說，我可能只是萍水相逢的同樓住客，在宵夜店裏碰見的街坊？他似乎忙於工作和專業考試，對我沒有什麼興趣吧！

這是女性的直覺？還是神經過敏呢？他對我很親切，還多了幾分關心，我覺得他對飽餃店的老板娘、甜品屋的 Alice，都沒有這種親切。他對異性同事又會是怎樣的？上次試探他是否有女朋友，他回答得又快又直接，已經弄得很尷尬了。他真的沒有女朋友？

唉，鎮定！不可以讓他知道我的感覺，要鎮定。

張諾詩，從今天開始，別再胡思亂想了。不應該太刻意打扮去吃宵夜了，否則，他很快會看穿我的心思。我可不想害單相思病。二十六歲了，受不住單思之苦啦！俊以前曾經告訴我，如果一個男子對女子有意，那男子會採取主動的。我可不敢放下女性的矜持，畢竟，我認識他不深。

邂逅的疑惑

一男一女開始「發現」對方，產生特別的興趣，感到對方的存在對自己有特殊的意義。這種情況有時發生在初次見面時，更多時候是認識了一段日子之後，才慢慢感覺到對方是「可通電的人」，是個「特別的異性」。

在邂逅期，我們有時會覺得眼前一亮，每次想起這個人，心內泛起輕微的興奮和激盪，有種不真實的感覺。你不時會從觀察到的蛛絲馬迹中，幻想這人的生活、性格。例如，看見他衣着整齊，便想像他的家居佈置、生活習慣亦井井有條；看見她身型窈窕，便想像她吃得很少、很清淡。

你雖領略到通電的麻痺感覺，確知你們的交往與一般社交不同，但由於日子尚短，亦未表態，故你有所疑惑，怕自己表錯情。

邂逅時的疑惑：

- 他／她是否已有固定的男／女朋友？
- 他／她的親切關懷是否只因其性格使然？
- 他／她是否對你有特別的感覺，抑或只是你的一廂情願？
- 他／她的小餽贈是否只屬於社交禮貌？
- 他／她那個眼神是否另有深意？

你的一顆心七上八下：每次來電不是都有某些理由嗎？特別的感覺只不過因為愈來愈深入的交談？自己不也有異性的知己嗎？

你不但對他／她產生疑惑，有時，你對自己的感受也覺模糊。

你會揣度：

- 我真的喜歡他／她，抑或只是生活太單調沉悶，需要友誼滋潤？
- 我對他／她有好感嗎？是的，不過可能很膚淺，只是受外表吸引：他的樣子的確俊朗；她笑起來露出的酒渦真是迷人。
- 我喜歡跟他／她傾談，只因彼此背景相似？

- 赴約？啊，不過因為我們有很多共同的嗜好罷了！
- 我重視他／她對我的觀感？當然！所有人對我的觀感，我都在意。
- 我們的交往會不會開展一段感情？啊，老天，可能什麼都沒發生，只是我神經過敏。

很多人會對自己說：「順其自然吧！」但在實際的交往中，往往最難做到。只因你們的思想和感受都特別活躍，接觸時會較緊張；你們的觀察會特別敏銳，不斷尋索認識對方，記得對方的個人資料、「翻譯」對方的言談，甚至一顰一笑；你們會細細檢視對方與自己的合適程度，以及有意無意間洩露你的欣賞和好感。

這階段，緊張和疑惑是必經之路，我建議你們不妨假設為「先交個朋友」。約會既是不定期的，往往還故意「巧遇」或無心之約，雙方隨意分享生活的片段，享受約會的樂趣就好了。無心的約會，有心人自有領會。待雙方在感受上已有充分準備，遇上適當的機會，可以表達對對方的特別感覺、欣賞和興趣時，疑惑自然一掃而空。

面子戰爭

約會初期的「面子戰爭」，是大部分情侶都經歷過的。一般來説，年齡愈輕的男女，愈沉不住氣，經兩三回合的拉扯，便開始互訴心曲，兩小無猜，往往大團圓結局。若男女在單獨約會前已互相認識，有友誼作為基礎，面子戰爭也會很快以坦率的和談作結，要不就「共浴愛河」，要不就「再見亦是朋友」。最麻煩的是這對男女在邂逅前完全不認識，交往期間一直都沒有固定的羣體或活動互相測試、調校頻道，則面子戰爭可能持續較久，雙方筋疲力竭。

有些女性以為在談戀愛的事上，男追女是理所當然的，當然，在社教化的訓練裏，一般要求男孩子比較主動；但在感情的事上，男孩子跟女孩子一樣怕失敗、怕丟臉、怕拒絕和傷害。所以，由男或女來打破這層面子的隔膜，從來沒有定例。我只覺得，愈是自信以及對己對人坦誠相待的人，愈有勇氣和智慧去打破這層隔膜。

面子戰爭只是一場遊戲，是由邂逅過渡到穩定約會的小插曲，其中可能經歷猶豫、自我懷疑、顧忌，或者興奮、自信和對對方慢慢生出的信任，這些感受，日後只會成為你倆戀愛史中淡淡的回憶，偶爾想起來，你會笑笑，說聲：「也許當時年紀小。」

第二步 如果我們約會……

「諾詩，我有個難題，或者你可以幫幫我。」

「嗯，我盡力而為。」

「我有位女同事下個月結婚，我被委派代表同事選購一份賀禮，但我在這方面是外行，可否請你陪我走一趟？」

「可以，不過要先告訴我時間、地點和買禮物的預算。」

「謝謝妳。下週六一起在銅鑼灣吃午飯，再去買禮物，好嗎？」傑好像把準備好的台詞一下子背誦完，輕鬆地往椅背一靠，嘴角還掛着微笑。「啊，午飯一定由我請客。」

「隨便！我不介意吃免費午餐。」

約會的定位

像許多情侶一樣，諾詩和傑的浪漫約會，起初幾次都要刻意找藉口，或安排一些任務，例如，選購禮物、一起去做義工，或以同感興趣的節目如舞台劇、電影、遠足、書店、「大食會」等，作為約會的主題。

雖然雙方心裏都明白：與這人約會，感受不同，包含了特殊的意義。但在約會初期，仍是患得患失，大家都在「調校頻道」，看能否產生共鳴，不敢太直接表示對對方的興趣：一來怕一旦頻率不對，則仍有退路，可以將初期的約會解釋為一般社交活動；二來，潮流興「酷」，若自己急急表態，對方來個不瞅不睬，不但丟臉，也難以為繼；再者，就算對方接受，日後仍怕被各方好事之徒譏為「追求者」，而非「被愛慕者」，面子上掛不住。

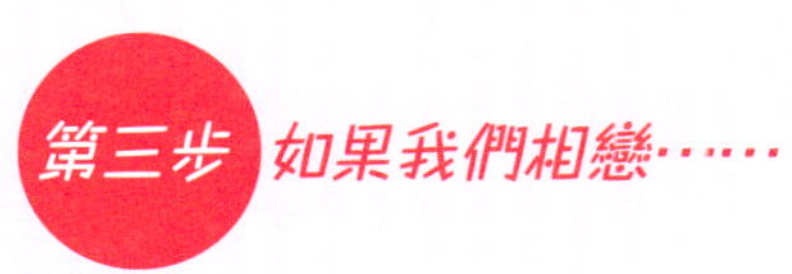

第三步 如果我們相戀……

香港的初冬最是迷人，乾爽的空氣，冷而不寒，經常灑滿陽光。

諾詩套着淡粉藍的兔毛衣，白色西褲，踏一雙平底鞋，及肩的長髮攏到耳後。陽光剛好爬到她的腳邊，鞋面的小金扣閃閃發亮。諾詩坐在尖東海傍的一間小餐廳內，翻雜誌、喝茶，時而抬頭望望在明媚的陽光下散步的路人。

傑週末下班後，往往留在辦公室多溫習兩三小時，預備明年二月中的中級專業考試。諾詩不介意早一點到餐廳等他，她挺享受這段悠閒的時光。

今天傑坐下之後，總是盯住諾詩微笑，眼睛不肯移開，笑容像給鑄在臉上。

「傑，我剛看到 Jose Carreras 明年三月份來港演出，現在就要訂票……咦，你怎麼啦？今天有什麼開心的事？」

「不告訴你，怕你驕傲。」

「什麼？跟我有關的？快從實招來，快！」

「哎，我也忍不住不說出來。剛才我進來之前，在玻璃窗外站了十五分鐘。」

「什麼？你站了十五分鐘？怎麼不進來？」

「看你呀！」傑笑意更濃。

「傻瓜，看什麼？」平日大方爽朗的諾詩，讓傑瞧得心慌意亂，急忙躲開他的眼。

傑不再用眼神捉弄她，轉而柔情地拉住她的雙手，嚴肅地說：「我剛才站在外面，遠遠地看着你，突然覺得自己很幸運，也很幸福，能遇上你，有你做我的女朋友。我剛才站着看得呆了，捨不得進來，你那份悠閒、自信、大方的神情，一分美麗。」

諾詩一時無言。以前也曾戀愛，卻從未聽過如此動聽的稱讚。看他誠懇的樣子，絕不是信口雌黃。

諾詩暗忖：「我真有這麼好嗎？」

「諾詩，這樣的讚美，你一定聽過很多，可我是從心裏說出來的。」傑見諾詩不語，急切地說：「我剛才也想到，與你一起的時光是多麼舒暢。我們可以去遠足、聽音樂會、閒話家常、坐在草地唱歌，還四處嘗新，找好吃的東西……」

「你故意稱讚我，逗我開心罷了。這有什麼特別呢？很多人約會也是……」

「不，不是所有人都像你跟我這般志趣相投的。以前我拍拖，流連最多的地方就是商場和百貨公司，因為她很愛逛公司購物。這沒有什麼不妥，不過，老實説，悶得要死。」

「人是有很多面的，傑，他日你多認識我，也許你不會覺得自己幸運呢！」

「明天的事，誰能預料呢？但是，」傑自信地、緊緊握住諾詩的手，「今天我很肯定，我是個幸福的人，完全因為你。」

被珍愛的感覺原來如此美好，諾詩很願意相信傑的話，打從心裏甜絲絲地笑出來。

站在海風和夕陽的柔光裏，傑心滿意足地看着諾詩，輕輕在她耳畔哼唱那首屬於他們的歌……

「我想説，其實你很好，你自己卻不知道，從來都很低調，自信心不高；愛一個人，希望他過更好，打從心裏暖暖的，你比自己更重要。你不知道，真心的對我好，不要求回報；愛一個人，希望他過更好，打從心裏暖暖的，你比自己更重要，我也希望變更好。」[1]

1《暖暖》，由梁靜茹主唱，李焯雄填詞，人工衛星作曲。

約會的效果

男女約會初期，最多浪漫的時刻。花前月下，燭光晚餐，到公園享受安靜時刻，或者同去欣賞舞台劇、音樂會，在日落的餘暉中漫步淺談，或是去吃飯、逛逛，只要在一起，已經心滿意足。

你們感到有無窮精力，工作十小時後，寧可先見一面，然後才回家休息。你眼中的世界充滿了愛人的影子，接觸的一切事物都會令你想起他：這杯子好精緻，買來送他；今天跟同事午餐的日本菜館挺好，不知她是否喜歡？你們一起聽的某首歌，變成了「我們的歌」。原本沉悶的生活常規，如買日用品、做飯、清潔家居，都可以變得饒有趣味。一切事物都染上曼妙的色彩，雖然有點不現實，卻是你們感情經歷裏真實的一部分。

在這種氣氛中，你們好像擁有「特異功能」，表現出來的都是許許多多的優點和長處。沐浴在幸福裏，你的脾氣會比較好，心情較佳，看人看事都較正面、積極。你能輕鬆地面對生活中的麻煩，較有信心處理小挫折，就算你注意到一些對方的瑕疵，也能寬容地接受。

第四步 如果時候不對……

諾詩和傑的邂逅，在浪漫的愛情電影裏，可算是天賜良緣。如果傑有詩人徐志摩的才情，每次在「晚間小聚」後把一切美好的感覺、有趣的小片段寫下來，已可輯錄為「情詩大全」了。

可惜，傑是現代的香港青年，年方二十五，任職會計文員，才剛剛通過初級會計專業考試，要想得到會計師的資格，他還得自修，把中級和高級試考完。傑見過很多同行的考試過程，知道這個專業考試説難不難，説易也絕不易。同事 Franky 努力多時，兩年前好不容易才通過中級試，不料太太誕下麟兒，Franky 應付工作之餘，還要照顧妻兒，專業試一歇便是一年，他根本沒有精力溫習，當然不敢報考高級試。Franky 日前才在歎氣：「太太又懷孕，我的會計師資格，恐怕要由兒子代老子去考了。」

傑現正處於衝刺期，比起同年齡的中學同學，他覺得自己實在已落後太多了。中學畢業後，考上大學的同學一帆風順，高薪厚祿。傑當年中學畢業，初踏足社會，仍未知自己的能力和興趣，做過銀行文員一年多，因工作苦悶而轉行。他音樂天分高，雖然沒有學過，但他唱得極佳，故有半年時間，他曾當過歌星的幕後伴唱，可是這不是長久之計。

傑喜歡小孩子，曾去投考幼稚園教師，夢想着他日可自己開辦幼稚園。可惜香港成規太深，沒有幼稚園肯錄用男老師，只有一位面見他的老校長，像慈母般勸他：「年輕人，找個專業才是正經。」傑只得接受現實：男幼稚園校長只可能在漫畫書中出現，他惟有另覓出路。

兜兜轉轉，傑選了會計這一行，因為入行不難，又有專業路可走。選定路後心裏稍微踏實，但工作壓力加上考試，他知道自己要咬緊牙關的日子最少還有三五年。二十五歲，他的同學朋友已邁向成家立室。傑遇上諾詩後，也曾經歷過心靈的悸動，想有進一步的交往，但想到自己每天工作加上溫習時間，抵家已晚上十時多，別人的宵夜是自己的晚餐，哪來時間、精神和心思談戀愛？傑目前的經濟能力僅夠租住朋友夫婦的一套房間，又沒有多少積蓄，家裏也不可能……預計在未獲得專業資格之前，自己的經濟能力恐怕不能承擔一個家庭。

傑想起前任女朋友詩詩。與他一起預科畢業、一起踏進社會工作的詩詩曾說：「我今年二十三歲，你還想我等你多久？五年？十年？」

傑打消了約會諾詩進一步交往的念頭。他想，就當是吃宵夜碰見的街坊，閒聊幾句，就算了罷！

愛的時機

從邂逅到約會，除了要結束面子戰爭外，適當的時機——時間和機會，也非常重要。雙方邂逅之時，是否有任何心理上、人生歷程上，或事業、個人發展方面的因素，不利於開展感情呢？

假如恰好一方剛失戀，或正準備到外地長時間工作或進修，或正全神貫注事業的發展，會窒礙一對男女感情再進一步。

有不少男女因面子放不下，或三心兩意，或對感情掉以輕心，或猶豫太多太久，雙方停留在似是而非、若即若離的狀況太久；到其中一方忍受不了，死心了，決定斬斷這種模糊的交往，或選擇接受別人追求，或另覓追求對象。原本可發展為佳偶的機會，便因此一去不返了。

第五步 如果我們不了解彼此……

二人相約在九龍塘地鐵站碰面，到新界遊玩，享受傑考試後輕鬆的週末，傑卻罕有地遲到。

「對不起，我剛才經過一間幼稚園，看孩子在玩遊戲，忘了時間。」

「原來是童心未泯。」

「不是童心，是宏願。你來，我帶你去看我的志願。」

一把拖了諾詩，傑來到附近一所幼稚園的鐵柵外停下來。園內的集體遊戲已完畢，孩子散開，三五成羣地玩耍，等候家人陸續接走。

孩子們的嘻笑、追逐的尖叫聲，是傑的音樂，卻教諾詩受不了；傑陶醉地看着孩子們玩耍，不自覺地滿面笑容。

「媽咪，看我今天做的飛機。」

一個小孩子手拿着飛機玩具，噠噠噠地衝向站在諾詩身旁的少婦，少婦個子不高，熟練地雙手抱起孩子，在空氣中轉了大半個圓圈，孩子連人帶飛機離地飛起來，樂得大笑。傑和諾詩都給這一幕吸引了。

「你們在給孩子找學校嗎？這間挺好的。是嗎？寶寶。」

「寶寶乖，學校好玩。」小孩頗為認真地回答，紅通通的圓臉滿是笑。

「寶寶，跟叔叔姨姨說再見。」

「再見。」

「再見。」

傑興奮地拉着諾詩的手，跟小孩揮手。

「諾詩，如果可以，將來，我想開辦一所幼稚園，我自己當校長，天天跟一大羣孩子在一起。」

見諾詩垂着頭不語，傑急忙趁機繼續說：「當然，我另一個理想，就是自己生幾個白白胖胖的小寶寶，諾詩，你喜歡……」

「傑，我怕小孩子，」諾詩截斷了傑的話，「我看見他們就想走，聽見他們的聲音就頭痛。」

「什麼？真的嗎？」傑怔住了，沒有一點心理準備。

「真的，我不喜歡小孩子。」諾詩望進傑的眼裏，看到他臉上掩不住的失望。

在九龍塘的橫街兜兜轉轉，兩人並肩地走，沒有說話，不敢正視對方。尤其傑，他彷彿沉浸在自己的思維裏，氣氛沉默得令人難受，尤其在這熙來攘往的週末，在太陽笑意盈盈的下午。

諾詩感到傑那份濃重的失望，她知道有必要説清楚，就在今天。

諾詩把話匣子一打開，傑毫不掩飾他的驚愕和失望。

「我沒有心理準備，我一直以為所有人，尤其是女性，都會喜歡有自己的家、自己的孩子。」

「傑，我喜歡有自己的家，我也渴望與所愛的人共享溫馨的家庭生活，在疲倦時可以倚着他，有快樂的事可以與他分享。只是，我不喜歡小孩，也不打算生養孩子。」

「你現在還年輕，也許年紀大一點，你的想法會不同。」

「對不起，我猜我這想法很難改變。」

「你是否怕帶孩子辛苦，不能發展事業……抑或怕懷孕時樣子不好看，怕生孩子痛……」

「傑，現實點，不要再猜，也不要為我找藉口，」諾詩頓一頓，希望傑聽清楚，「很明顯，我與你的期望有一個很大的距離，就是，我是一個不喜歡孩子，也不打算生養孩子的女人。」

「為什麼？你一定有點心理障礙，或恐懼，令你……」

「為什麼你不可以接受？我，一個不喜歡孩子的女人，這個就是我。」

「我一直希望有一個完整的家。我和妻子可以把最好、最幸福的家帶給孩子……」桀囁嚅着重複他的堅持，像個在玩具店抓住心愛的玩具，不肯鬆手的孩子。

「那麼，我猜你要找一個喜歡生孩子的女人與你組織家庭了。」諾詩的聲音，透着一絲涼意。

「為你所愛的人生孩子，會是一種難以忍受的痛苦嗎？」

「光是夫婦二人也可以組成一個完整的家，我不覺得沒有孩子是憾事。」

「如果沒有孩子，對我來説，這個家有所缺憾。」

「是這樣堅決嗎？」話説得盡了，諾詩反而開始冷靜下來。

一下子，大家都無言了，放棄原來的遊玩計劃，兩人都有默契地，離開鐵路站的入口，步往附近的大型商場。

這商場好大，樓又高，天然的採光設計，把太陽引進室內，白色調子的商場，更顯得空空洞洞。今天，這商場好像比平日更大，他們漫無目的地走，彷彿可以這樣走一輩子。他們突然都不想面對今天、明天。

是的，誰喜歡做成年人？誰愛面對難題？明明是遇上了，難得地遇上了互相傾慕又合得來的對象，偏偏卻出現這麼重大的分歧。兩個人要走在一起，要地老天荒地相依相守，最重要的不是一個「情」字嗎？何以人偏偏心思複雜，各有所願？如果可以，就這樣走一輩子好了。

傑偷偷地瞥了諾詩一眼，這才發現諾詩側面的線條很明朗，薄薄的唇，尖尖的下巴，顯出她的倔強。「她有難言之隱嗎？我是否應該跟她多談一點我的感覺？」

諾詩回過頭來，遇上傑的目光。她倒抽一口氣，緩緩地說：「我猜，喜歡或不喜歡孩子，大概是一種難以解釋的感覺吧。」

「我渴想擁有一個傳統的家庭，不單是一種感覺，還有……唉，我猜可以說是一種心理補償吧！」

「補償？」

「這是我的祕密。」傑瞧了諾詩一眼，見她面上的惱怒已褪去，換上的是溫暖的關注，傑更感難過，「知道我為什麼愛小孩子，那麼想辦一所幼稚園嗎？因為我想給孩子預備最好的家庭和學校環境，讓他們的人生有一個美麗、快樂的開始。

「我是獨子，這個你知道的。」

諾詩點點頭。

「你不知道的是，我的母親是『二奶』，我是『二奶仔』，是沒有名分、見不得光的孩子。我猜，我只是個意外。父親的正室生了四子一女，他不會要母親為他生孩子。媽媽是個退縮、沒有主見、不懂得照顧自己和別人的人，她意外地懷了我，無可奈何把我生下來。父親從來沒有向外承認有個二奶，也沒有公開有我這個兒子。

「逢年過節，我家沒有父親，也沒有過節的節目和氣氛，我們從來沒有什麼喜慶，不用去拜年，也不會被邀請去喜宴、壽宴……」

諾詩忍不住問：「親戚呢？你媽媽沒有親人嗎？」

「媽媽提過，她的娘家痛恨父親，十分反對她沒名沒分地跟着一個有婦之夫，直到媽媽生下我，他們知道再說也是白說，便放棄了。母親自己也疏遠娘家，免得娘家在親友中丟臉。記憶當中，以前有一兩位姨姨來我家走動，是媽媽多年的朋友，但她們結婚後，或移民、或疏遠，也沒來往了。」

「你父親呢？他有照顧你們嗎？」

「金錢上的供應還可以，他不時來吃頓飯，休息一下。但我一向不親近他，他兒子一籮筐，少我一個也不少。」

「所以，你很渴望有自己的家，做一個好父親？」

「我想有個正常、熱鬧的家，一家人圍坐吃飯、話家常、看電視，過年可以帶孩子去拜年，給他們紅包，中秋節帶他們去玩花燈，和妻子一起去給孩子們買聖誕禮物，偷偷放在他們牀頭，看他們拆禮物時的驚喜……諾詩，我是否很幼稚？」

「……」諾詩無言了，只是緊握住傑的手，思緒起伏翻騰。

「諾詩，我對你是認真的，所以，我不時在腦海中預演着將來我和你，還有我們的孩子一起幸福的生活，我沒有想過你不想要孩子，所以，我……對不起，我要坦白承認，我剛才很失望，覺得像很重地摔了一跤。我一下子不能接受自己多年的夢想破滅，我並非不肯接受你，也不是想強迫你改變，我只是未能立刻接受……」

「傑，我明白……你既然信任我，告訴我你的過去，你想聽我的嗎？」諾詩知道，若將來計劃共同生活，生兒育女的問題，是遲早要討論、妥協的。

「你記得我曾經告訴你，我養成吃宵夜的習慣，是因為父母親經常吵架嗎？其實，在我很小的時候，父母並不常吵架，家中氣氛很不錯，只是經濟緊一點，但自從二妹出生後……」

「二妹？你不是只有一個妹妹嗎？」

「我其實還有一個二妹，她才是家中的老么，她出生時我才六歲。她出生那年，可説是一場災難：爸爸失業，么妹身體又差，媽媽為了照顧她，衣不解帶，最痛苦的是，醫生不久證實么妹是個蒙古兒，爸媽一時接受不了，互相埋怨。自她出生，我們的家徹頭徹尾地改變了。父母開始經常吵架，互相謾罵，對我們疏忽照顧，原本緊張的經濟更見拮据。我經常半夜在么妹的哭聲、母親的啜泣、父母的互相怨懟聲中醒來，然後在被窩中流淚。

「爸爸幾個月後已找到新工作，可是他仍舊很不快樂，常找人出氣。那一陣子，我們兄妹五人在家中都戰戰兢兢的，一不小心惹父母生氣，就會換來一頓好打。

「打從那時開始，家中氣氛變得像鉛一般沉重，哥哥們百般藉口，延遲回家的時間，爸爸也是一樣。我和二妹因為年幼，困在家中，只好學習躲起來，少惹麻煩。

「自從二妹出生，爸媽疏遠了與親友的聯絡，也不讓別人來探看么妹。我小時候並不知道么妹是蒙古兒，還是長大後從哥哥口中知悉的。」

「你的二妹呢？她現在……」

「她有先天性氣管狹窄的毛病，身體一直很弱，四歲不到，一次急病中去世了。」

「她真可憐。」

「唔，我從來沒有討厭她，也沒有恨爸媽，只是，對於生兒育女，我不敢心存幻想，風險大，代價更大，不但自己受苦，夫妻互相怨懟，孩子也毫無選擇地陪着喫苦。生命無常，人生不如意事十常八九，若是自己作的決定，咬咬牙，就挺過去吧！但有很多事，是不能預料的。我選擇減少風險，平淡點過一生。」

「你害怕有一天要面對你爸媽一樣的困境？」

「唔，」諾詩點點頭，她很了解自己這方面的恐懼，「我沒有勇氣，也不肯定自己是否有足夠的愛心和忍耐。我知道有些夫妻遇上類似的事，處理得比我爸媽好，甚或有夫妻倆更親密、更相愛地共同去面對，只是……」

「是不容易的，我明白。」

「是我的么妹，關係這麼近，我能沒有心理壓力和陰影嗎？」

兩人沉默良久，望着一羣無憂無慮的少年人溜冰，發怔好一會兒。傑回過神來，拉拉諾詩的手，兩人凝望，溫柔地笑了。

「原來你和我都有這麼不平凡的童年。」

「唔，但如今很不錯啊，我們可以健康、積極地生活……」

「我靠努力去克服自卑、退縮。」

「我學習體諒爸媽當日的困境。」

「往後更應該好好珍惜，」傑輕擁住諾詩的肩，「珍惜自己、珍惜對方。」

靠着傑，諾詩感到前所未有的輕鬆、安全，心中暗暗把自己託付給他。

「傑，我剛才在擔憂，把我人生中最苦澀的部分告訴你，萬一把你嚇跑了，怎麼辦？」

「我剛才也有這種掙扎，説出來就輕鬆多了。」

「你比我更有勇氣哩！」

「因為我對我們雙方都有信心。我相信你我都是成熟的人，有能力去學習愛對方、接納對方的全部。」

「傑，假如有一日，我們不再相愛，這生養孩子的分歧，就會變成難以忍受的了。」

「諾詩，」傑失笑説，「假如兩個人不相愛，我也犯不着請你為我生養孩子啦！」

「對，我真笨，我在擔憂什麼呢？」

「你在擔憂，我們不同的想法和期望，會令我們不愛對方。是的，差異和分歧令人感到不安。」

「傑，我想通了。愛並不是單求滿足自己，達到自己的期望；愛，不也要關心、滿足對方嗎？」

「但願我們能做到。」

" When there's a will, there's a way."

彼此認識的三項要點

浪漫約會，因生活的實際而漸添現實況味。這階段是必經的，並不是說二人交往日久，就必定不再浪漫；只是光有浪漫，也未免太單調、太膚淺了。

其實，我認為戀愛中最有趣的部分，就是互相認識、互相發掘的過程。雙方不但更深認識對方，亦更多、更自由和充滿信任地表露自己，也從對方的反應更深地認識自己。

每一次約會，就像兩人一同去閱讀兩本書，不但可以交換「讀書」心得，還可以共同執筆，在對方的書上寫下參與的一章。

認識對方，就如認識自己，是一個畢生的、持續不斷的過程。也為你們長久的相處建立穩固的基礎；你愈認識對方，才懂得如何去接受、支持、鼓勵、糾正、明白、包容和愛他。

有人在戀愛時期，不願意太多表露自己。或許對感情缺乏信心，擔心把自己的真我表露得太多，他日感情破裂，造成傷害，心裏總是感到不安全。

也有人信奉「距離創造美感，模糊締造良緣」的理論，覺得在未許終身的情況下，知得太多，看得太真，會破壞浪漫朦朧的幻想。畢竟，認識對方，完全接受另一個人，好與壞、缺點和優點、願望、家庭、朋友、工作、興趣、娛樂等等，這任務實在浩大，需要時間心思，也要冒「知得太深、愛得太淺」的風險。

對於這個顧慮，我想當事人應有智慧地選擇適當的時間去作適當的自我表露。交往未深，當然不便將家庭祕密、個人缺點等一一掏出來「坦白交心」。但假若有一些與兩人交往、感情、婚姻計劃有關的事，則不能一直深藏不談，或者等到互許終身之後才提出：例如你正在辦理分居、已有子女；或家中有老弱父母、殘障兄姊，在婚後要同住照顧；或你婚後想移居他處；你有身體障礙，不適宜或不能生育；你有未婚夫 / 妻在國外，情債未清……等。

撫心自問，一個人活了二十多、三十個年頭，也許仍未能完全接納自己，那麼，在短短的戀愛時期，長則三至七年，短則三五個月，就算盡力認識對方，亦未必能在短時間內接納對方的一切，尤其是對方的缺點、怪癖、偏執(這些都是正常人經常有的特質)。有人認為，與其知道而不接受，不如把這些「發現」推得愈遲愈好；在戀愛期間已頻頻觸礁，如何能交往下去呢？

對於這個問題，我認為應從幾方面看：

1 增加互相認識

約會時間短（每天甚或每週只見數小時），容易避開現實生活的困擾、按捺自己的情緒，加上濃情蜜意，就算發現對方有缺點，除非異常嚴重，絕對不能接受，或者令你產生驚恐的，否則，你們自會將之一一消解。一般人的小毛病，自然容易輕輕開脫掉：心胸窄是因為太在意你；吝嗇其實是節儉；急躁是有效率；說話尖刻是批判能力高；不整潔只是不拘小節；壞脾氣？不過是藝術家氣質罷了！也會視而不見。極端的例子是，有人在戀愛期間發現對方不務正業、酗酒、爛賭，仍為對方找尋藉口解釋，並期待對方為愛情而改變。

戀愛期間增加互相的認識，是減少你們在日後（特別是婚後）有太多「驚人新發現」。新發現是一定有的，但願不會嚇你一跳，不會「致命」，不致迫使你要考慮離婚，或令你終生抱憾的。

2 有心持續交往

增進互相認識，只適合有誠意考慮終生厮守的情侶。如果你們視「拍拖」為消遣、人有我有的活動，或者你比較陶醉於「一見鍾情」、閃電結婚的浪漫，甚或你心裏早已決定：現在只是填塞空檔，並非結婚對象，那麼，說什麼互相認識？還是可免則免吧！

3 付上時間和心思

互相認識是要花時間、費心思。所以，如果你信奉「戀愛婚姻只是風花雪月，為過日辰」，或者你很看得開，「天下烏鴉一樣黑，哪個男子／女子不是一樣？將將就就，晃眼就過一輩子了」，那麼，你大可省點心力。

很多人在談戀愛時患近視眼，看不認真，眼鏡在婚後才配好，當眼睛變明亮。有人後悔自己急躁，認識才沒幾個月，就急急成婚，原來這人年中倒有大半年在鬧情緒；有人後悔戀愛時期只求風騷，約會又只顧吃喝玩樂，從來沒有認真聽過對方說話，未見過他與家人、朋友相處，沒有領教過他生病、情緒低落、遇到成功／挫敗等情境，甚至從未爭辯過，亦從未一起作過決定。那麼，婚後你可能醒悟：原來他完全不懂做家務，連照顧自己也不會；原來他如此自私……太多的「原來」，帶來對人、對婚姻的失望。

當然，戀愛時期的互相認識始終比較片面，你們在婚後必定仍不斷對對方有新發現。但一般人的處事為人、性格、思想和態度都是有迹可尋的。所以，在婚前的努力，能幫助你有足夠的時間去接納你所了解對方的「最壞」，或至少是經過掙扎而心甘情願地接納。

若在婚後找到以前未發現的配偶的好處，我敢說，這一定是你的功勞，和你倆努力的成果，在婚後培養、引發配偶潛藏的優點了。

如果在戀愛中，認識到對方一些你難以接受的缺點，就算是一些阻礙你們互許終身、共同生活的現實，你們須坐下想一想：不但用感覺，也用理智去理解、分析；並花時間去自省、掙扎，這已達到互相認識的目的了。

戀愛、婚姻關乎你倆把感情和生命作最深刻、最密切和長遠的互相委託，不能單靠浪漫帶來一時的陶醉，以隱忍作短暫的逃避；長痛不如短痛；經過考慮、掙扎後要分開，總好過糊裏糊塗地結婚，婚後再來追悔。

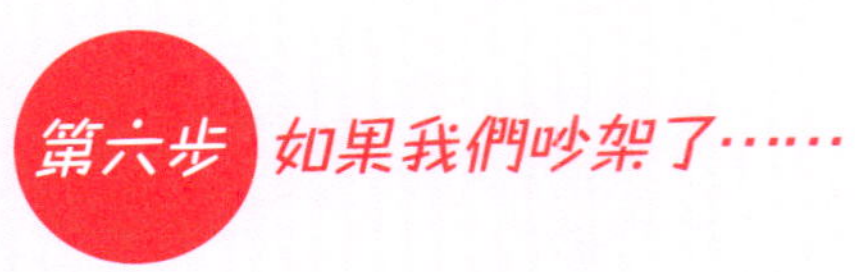

第六步 如果我們吵架了……

傑和諾詩的分歧並不單在生養孩子一事上……

「原來你媽媽讀過師範大學，」諾詩剛從傑母親的家出來，直性子的她按捺不住不說她的感受，「真想不到啊，她怎會……」

諾詩突然瞥見傑面色一沉，話生生地吞回肚子裏。

沉默，又是沉默。

「你什麼事不高興，應該坦白說出來，」見傑仍是板着臉，諾詩只好說：「如果你不喜歡我在伯母背後談論她，那我道歉好了。」

「不只是背後，而是在她面前，你話也說得太多、太不小心了。」

「我說錯了什麼？」諾詩愕然。

「你跟她談餘暇消遣節目也就罷了，怎麼扯到什麼『一個人生活很孤單，很不容易，得找些節目排遣』，這不是觸她的傷處嗎？」

「這是我跟她說的體貼話，而且這也是事實，不見得她被這些話刺傷呀，這是你太敏感了。」

「那你是太遲鈍了。這是你們第一次見面，不是應該客客氣氣談幾句話就完了嗎？你沒有聽過『講多錯多』嗎？」

「你倒是莫名其妙，我跟伯母就不可以一見如故、交淺言深嗎？客套應酬我當然懂，可我見伯母是個有學養、和藹親切的人，我才跟她多談幾句，不然……」

「怎麼，你原本想像我媽媽是個妖冶的壞女人，還是粗蠢的『師奶』？」傑的聲音提高，漲紅了臉。

諾詩氣難平：「唏，這樣說話太不公平，你不單污辱我，你在污辱伯母哩！」

傑自覺失言，語調轉了，但仍是固執地：「總之，我不想你說得太多，傷害我媽媽。」

「如果你認為我是這麼不懂人情世故、不顧大體的女人，」諾詩對於這軟弱無力的指控，一頭霧水之餘，也很生氣，「那你幹嘛帶我見你媽媽？我雖然急性子，可也知道進退的。」

沉默，又是沉默。諾詩發現最近與傑相處時，他跌入可怕沉默的次數愈來愈多。

「大家都在發脾氣，我們回家吧，多講無益。」諾詩說完就走，她受不了難堪的沉默。

傑：

我要為前天晚上的爭執，向你道歉。

我不肯定是否如你所說，在言語間冒犯了伯母，但我知道，我是傷害了你。

也許是我天生的直性子，碰傷你敏感多慮的性格；也許是我的急躁，增加了你的遲疑；也許是我的豪爽，忽略了你的細膩。在過去的交往中，我不時有如履薄冰的感覺。有時我以為自己已是小心翼翼，做足一百分，但對你而言，可能仍是粗疏大意。不只一次，你真切地感到我是為你帶來尷尬、不便甚至是傷害。這次是對伯母，上次是對你的同事李小姐，還有一次是路上巧遇你的舊同學Jack。認真回想，例子真不少。

你當然不是故意挑剔，我相信，你是真的備受困擾。你沉默的時間愈來愈多，是你不想跟我爭辯，以免破壞感情？還是有些時候，你放棄要說服我，因為我倆都是這麼主觀、這麼「硬頸」的人？

坦白說，我覺得與你相處，壓力愈來愈大，動輒得咎的滋味很難受，有時我甚至覺得要做些事來討你歡喜，以便平衡我們愈來愈頻密的爭執。這份關係，也愈變得沉重。你也不會比我好受，每次看見你在沉默中緊鎖着眉頭，面無笑容，跟你狀態佳的時候那份輕鬆自得相比，簡直判若兩人。而你鎖着眉、鬧脾氣的情況愈來愈多，罪魁禍首是我嗎？對我倆而言（我不得不承認），這份感情很難維繫，我們並非不肯努力，但原來努力和愛意，並不一定能解決問題，也未必能拉近性格的距離、縮窄分歧，和達成協議。

感情關係愈親密，分歧帶來的傷害愈鋒利。交往時期，不快、傷害、不如意的感覺帶來壓力和退避；那麼婚後呢？會演變成熱吵和敵對、冷漠和蔑視嗎？這樣的家庭，我已經經歷過，不想再自編自導自演一次。

如果你認為此刻我提出分手是自私和缺乏勇氣，那麼，就請你原諒我的自私和膽怯吧。請你相信，我提出分手 是經過深思熟慮，和很大的掙扎。我很珍惜過往大家付出的感情，和大半年下來，我們建立的友誼。如果分手能結束我倆的互相拉扯和傷害，為什麼不呢？

我不想不辭而別，因為我和你都無權這樣做。原諒我不能親口面對面與你談……我就是不能。但是，假如你必須跟我面談一次，我是會赴約的。我請了三個星期的假期，下週三就飛往國外。你若要聯絡我，請在下週三之前。

祝你一切順利。

諾詩

p.s. 內容寫得紊亂，許是反映我這一刻的感覺吧。但願電郵中沒有令你誤會或傷害你的話。我最不想見到的情況就是你受到傷害。

 諾詩：

請你原諒我的壞脾氣。

再三地與你嘔氣，我自己也很不好受。這一陣子，我開始嘗試冷靜下來，多次自問「為什麼」。我發現我們的性格、感情的表達、人際關係的處理，都有許多分歧，以致有很多事你滿不在乎，我卻耿耿於懷。有些人、有些事，我會選擇逃避，你則勇敢面對；你忠於自己的感受和觀點，坦率表達；我雖然與你一樣固執，但卻缺乏信心拿出來分享、對話。面對問題，你速戰速決，立即尋求解決。我在思想、感受和心靈方面，須稍歇一會，需要多一點空間、時間，才可面對。

我並不要求我的女朋友像我，「若要人似我，除非兩個我」。再者，我其實討厭部分的自己，我寧願像你。但我猜，我們的問題不單在分歧，而是在不明白、不了解，似乎我們的思想和對話常在不同的頻道。有很多次，我感到不能說服你，也不能把我的想法、感受說得清楚，於是我以沉默來面對。我的沉默是惡劣的、封閉的，我知道這種沉默為我倆帶來壓力和不快，更一次又一次關上溝通之門，但我對着你，不知怎地，愈來愈多用沉默來逃避。相信你也感覺到，也在忍受着。

半年下來，我們有很多未完的爭執、進行了一半的對話、未獲得妥協的分歧。我倆似在全力織一張掛氈，憧憬着製成品的美麗，於是很努力，就算有解決不來的問題，也只是轉而從另一個角落織起。這樣一來，整張氈子就有很多錯駁的地方、鬆脫的尾巴，終究未能為這張氈子收線、縫邊。

與此同時，我又常常記起我們在一起的美麗回憶：記得我們偶爾發現，原來我們都愛看《多啦A夢》漫畫，很能明白大雄考試前的感覺；我們又都愛看《蠟筆小新》，討論不同年代的父母的虐兒方式；我們一起迷上小豬麥嘜和麥兜，一樣疼愛麥兜多一點。有一陣子，我倆一起發胖，互相取笑誰像車日筆下的漢堡包。我們的約會充實而多姿采，我們一同享受音樂、藝術、閱讀、大自然。物質生活簡樸，心靈的交流卻豐富。我們一同做義工，聖誕節到老人院和弱智人士宿舍服務。你常陪伴我溫習，一個個風光明媚的週末伴坐在我的書桌旁。這些珍貴的片段，是多麼難忘。

坦白說，我從未有過如此快樂的時光。

但隨着時日過去，這些快樂的時光，被我們的分歧、爭執所掩蓋，約會甚至是一個負擔，當然心中希冀着重拾初結交時的歡愉，但更害怕面對又一次的衝撞、又一次的互相傷害。

我在想像，如果我們一直維繫着朋友的關係，我們的感情會否更好、更能享受一起的相處、更能引發對方的優點？

諾詩，時光可以倒流嗎？感情的性質可否轉變？我真的不曉得。我們是否適宜把男女的感情，在此畫上句號？戀愛的結束，可以是我們友誼的另一個開始嗎？雖然我們屢有爭執，但我從未討厭過你。真的，你是一個可愛、難得的女子。

我比較貪心，我珍惜與你的友誼，如果可以，我不想單在吃宵夜時碰見你，我盼望我們可以成為朋友。你度假回來後，我會嘗試約會你的，是一位「老友」的約會。行得通嗎？我們走着瞧。

好好享受你的假期，旅途上小心。

傑

諾詩和傑交換了電子郵件，結束了這段感情。

第七步 如果我們沒有分開……

「我們這個週末去遊船河，遊艇、食物都預備好了，只等大家響應。」部門主管王先生提出邀請，「這次是家庭日，鼓勵大家攜眷參加。」

「Alfred，你一家四口，是嗎？」負責統計人數的 Helen 接着點到諾詩：「Rose，得為你留兩個位子吧？」

諾詩甜絲絲地含笑點頭，為避開同事們的注視，只好藉沖咖啡為由，暫躲到茶水間。Helen 是諾詩在辦公室內最談得來的同事，後腳跟了進來。

「喂，這樣就面紅啦？到了遊船河那天，你不用曬太陽、抹胭脂了。」

「所以呀，別取笑我們，否則我要繼續把他收藏起來啦！」

「這可不行，大家都想見見你的男朋友，看看是誰能令獨立、聰敏、要求又高的 Rose 欣賞，且能令你愈來愈漂亮、開朗？」

傑前一陣子頻頻來接諾詩下班，多在火車站等候，辦公室不少同事早已風聞。這次與諾詩的同事正式見面，同事們和善地寒喧，藍天白雲，氣氛輕鬆舒暢。此後，傑來電話、送花或親自接送，都變得名正言順，同事取笑幾句，平添蜜意。有這些積極正面的經驗，漸漸，諾詩和傑在路上碰見朋友、舊同學、同事等，都大方引見，先前因模糊的介紹、神態的閃縮帶來的尷尬，一掃而空。

戀愛初期因感情未穩定，溝通未暢順，總之時機未至，故而在街上偶爾碰見熟人，總是一臉窘態，好像孩子偷糖吃，給抓住甜黏黏的手一般。現在公開戀愛關係，態度行動更大方自如，朋友善意的微笑、欣賞的眼光，表面是取笑，實際上帶着祝福的調侃，都令這對戀人輕鬆地把另一半帶進自己的生活圈子裏。

傑在「見家長」時表現也很好，溫文有禮，對於諾詩父母說話背後的憂慮，包括他仍要花一段時間考完專業試才論婚嫁，他仍未有優厚的經濟基礎，也沒有物業，如何置家等，傑都不亢不卑地把自己的計劃跟他們一一道出。雖未能即時實現，但計劃合情合理，也考慮周詳，給諾詩父母極大好感。一頓飯下來，諾詩的父母顯然放下心頭大石。

「真好啊，爸媽這麼容易接受你，」飯後散步，諾詩興奮地說，「這下我才輕鬆了。」

「知道為什麼嗎？」

諾詩搖搖頭。

「因為他們很快就知道，我跟他們一樣，」傑轉過身來，雙手扶住諾詩的肩，「就是一樣愛你，希望你快樂和幸福。」

諾詩挽住傑的肩膀，感到十分安全。

「當然還有其他原因。」

「什麼原因？」

「因為我長得帥。」

兩人一齊笑起來。

「還有，因為他們猜到我跟你説過：『我愛你』。」

「我沒有聽説過。」諾詩愛嬌地説。

「你今天沒有聽説過，我昨天晚上明明説了。好啦，今天輪到你説了。」

諾詩羞紅了臉，「説什麼嘛！」

「對我説：『我愛你』。」

「我不説。」

「那求你跟我説些甜蜜的話啦！」

「你做夢！」

「我現在睡着了，你就在我夢中説一遍吧。」傑倚坐路邊的長椅，閉目裝睡。

諾詩一笑，靠近傑的耳邊，說甜蜜的話：「紅豆沙、芝麻糊、心太軟、糖不甩……」

 傑：

剛沏了一壺你送來的玫瑰紅茶，坐在牀上休息，身旁躺着你送的玩具狗沙皮，看見案頭放着與你的合照。包圍着我的，竟都是你。

記得你送沙皮，還是初春的時候，有一次我因趕着完成工作，在辦公室加班至深夜，一踏出門外，就瞥見你冒着春寒，瑟縮在樹下等我。你怕大學校園環境太靜，我一個人晚上離開辦公室有危險，遂不動聲色，不干擾我，獨自站在外面守護着我。後來你送我這沙皮狗。

傑，多謝你，自從認識你之後，我的生活漲滿了幸福，因為你的細心、無微不至，加上出於自然和誠摯的愛、照顧和關懷，充斥我生活的每一個細節，令我覺得被保護、支持和疼愛。

這幾星期來，我很高興，因為我把你帶進我的生活圈子，把與我有關連的人都介紹給你了。我其實早就想告訴他們：我正與一個很好很好的男子相愛。

傑，我以你為榮，也對我倆的感情很有信心，感到很驕傲。

傑，其實寫這封信，主要想告訴你，

我愛你。

諾詩

公開戀情的好處

· 要向別人公開，你倆**必定先已有了默契**，彼此已互訴衷情。

· 戀愛期間的好心情，快樂的、驚喜的、新鮮的經驗，從此可**自然流露**，毋須刻意隱藏，可以與人分享。同樣地，若遇上疑惑和困難，也可自然地**向人求助**。

· 在路上碰見熟人，**可大方介紹**，不用尷尷尬尬。

· **解答了別人的諸多猜測**，例如：「你失蹤了嗎？怎麼總找不到你？」「莉說見到你拍拖，她有沒有認錯人？」「你近來心情好靚，是拍拖嗎？」

· **為你堵截狂蜂浪蝶**（這個名詞男女都適用）的追求和表白，當然也減省了熱情親友為你安排勞民傷財、尷尬老套的「飲茶相睇」。

· 親友碰面時若欠缺話題，**不能再以殷勤查詢**「你要求什麼條件才肯嫁／娶？」**來打發時間**。

· 所謂 "going public"，即在節日喜慶、公務酬酢、紅白二事等場合，均可**相携出席**。如果你以前常得單身赴會，你必定明白有個伴的好處。

· 如果周遭的人對你倆的配搭，要說些什麼逆耳的「忠言」，你們可以**在婚前先習慣這些閒言閒語**。

第八步 如果我們得到旁人的祝福……

傑居然輕易闖過了諾詩的家人、同事、朋友圈子這一關，得到他們的接納和歡迎。然而，他們預料不到問題出在……

「傑，我今天要晚一點才可以離開辦公室，對不起，你不用來接我，我直接去酒樓好了。」

「你可以幾點到？」諾詩看不見電話的另一端，傑略皺着眉。

「唔，大概七時多吧。今天很忙……」

傑打斷諾詩：「儘量在七點三十分前到吧，太遲顯得無禮。待會兒見。」

放下電話，傑開始擔心諾詩又要遲到。最近諾詩的辦公室新舊人交替，諾詩又剛升了職，忙得暈頭轉向的。上個月傑第一次帶諾詩出席公司的晚宴，諾詩下班後趕來，已經是別人開始吃第一道菜的時候，弄得頗為尷尬，這次可不要又遲到才好。

下班後，有家室或伴侶的同事各自散去接自己的另一半，掛單的同事相約先去「快樂時光」喝幾杯，傑跟着大隊，心裏卻乾着急。未到酒樓之前，傑忍不住已撥了兩次電話，回話是諾詩仍在會議中。

焦急化作煩躁，等待變為氣惱，傑心中浮起幾許不滿。

那邊廂，諾詩下班後，踏着高跟鞋，以小跑步去搶截計程車，在車上整妝。諾詩在七時三刻抵達，剛趕得及與新人拍照。諾詩覺得自己已很了不起，雖經過整日辛勞和剛剛上演「鬧市狂奔」，但一踏入酒樓，她笑意盈盈，氣定神閒，輕挽住傑的手臂，周旋於傑的同事當中，毫無倦容。

一頓喜酒下來，散席已是十一時許。傑在與同事道別後，再沒有開過口，令諾詩納悶不已。

「今天有不開心的事嗎？」

「沒有。」

「那幹嘛……」

傑語氣頗不耐煩：「你下次出席我公司、朋友的約會，可否準時一點？」

諾詩恍然大悟，「原來……」一陣委屈湧上心頭：「我今晚並不算太遲。況且，我已盡力，你不曉得我多焦急，趕截計程車時，差點閃腳扭了腳踝呢！」

「帖子是幾個星期前收到的，為什麼你不可以安排一下，非要遲到不可？」

「突發事件怎可預先料得到？」

「整個辦公室人那麼多，少了你一個人就不行嗎？」

「是我少了這份工作不行！」諾詩沒好氣地說。雖極倦，她仍儘量按捺住脾氣，因她意會到，參加傑同事的聚會屢次遲到，令傑不快，自己也應負責任。「傑，辦公室這陣子十分忙亂，我不能說走就走，職責所在嘛。」

「你知道你每次遲到，我有多難堪嗎？別人會怎樣看我？」

「唉，你何必太緊張，別人最多覺得我是個不守時的女人罷了，怎麼會批評你呢？」

「『你女朋友位高權重，我們這些小職員聚會，請得動她嗎？』這樣的話，我當面都領教過，背後聽不到的，要多難聽，有多難聽！」傑突然抖出藏在心中令他悶悶不樂的閒言閒語。

「傑，什麼話都有人說，嘴巴是別人的，我們怎能控制？」諾詩溫言相勸：「只是，傑，你為什麼一直這樣介意我的學歷、職位這等事呢？我們不是談論過好幾遍嗎？這些都不重要，重要的是我們相愛、彼此欣賞嘛！」

「我是很介意。天天坐在辦公室，背後有人評論我高攀你。我的壓力有多大，你了解嗎？」

「我了解，但我幫不上忙的。傑，這全靠你增強自信，看得通、放得下。我以前的男朋友學歷事業與我不相伯仲，不是一樣有人在背後品頭論足嗎？」

「給比下去的不是你，你當然輕鬆。」

「這是什麼話呢？別孩子氣！我們之間難道需要互相比較、競爭嗎？毋須把外人的眼光帶進我們的感情中間呀！」

「我也曾不斷這樣開解自己，可是心裏總有個疙瘩，很不舒暢。我也覺得自己變得很脆弱，人家閒話一句，我就不快半天。」

「別人的眼光真的這麼重要嗎？」諾詩深深望着傑，看見他像一個孩子受傷害的表情。

停了好一會兒，傑吁了一口氣：「不，諾詩，你說得對，別人的看法、說話並不最重要。我猜，最重要的是我與你走在一起一直感到自卑，覺得不如你。你對我來說是太好了，我配不上。」

「傑，你這是一時意氣嗎？」

「不，不，這是我的心底話。所以，當別人一一說出我的感覺時，我不能置之不理。中國人，特別注重男人的成就；而香港，也是個着重金錢、地位、物質的社會，但我偏偏比你矮了一截……」

「我沒發覺，原來你如此介懷……」

兩人咀嚼着對方的話，心中蟄伏着的困擾，這刻逐點浮現：諾詩比傑年長一歲，學歷、職位、薪酬都比他高；外型較他成熟；事業前景較他穩定明朗；性格較堅強、外向、勇敢。從世俗、傳統的眼光看來，他倆若是性別對調，就是佳偶天成。女的比男的強，不能免俗地帶來批評和壓力。

傑和諾詩曾就這事談論過，諾詩強調自己並不認同傳統的觀念，而且，台灣、韓國也很接受這樣的男女配搭。

諾詩說：「只要我們互相欣賞，彼此能接受，就可以了。」

傑真的很欣賞諾詩，兩人也合得來，所以傑本來認為這不是個問題。

但在兩人戀情公開後，傑備受困擾。他想不到原來自己與諾詩的配對，會予人明顯一弱一強的感覺。別人的評語為傑帶來壓力之餘，也動搖了他的自信，以及他對兩人的將來的信心，這種輿論壓力，可是一生一世的。

傑和諾詩不得不承認，旁人的目光，是他們暫時未能坦然地應付、面對的。傑受壓下過分敏感和自卑，影響二人的溝通和相處，諾詩一味地遷就，使關係不正常，亦非長久之計。於是二人協議分開，好好地冷靜一下，檢視自己的心理和需要，若感情的基礎強健到兩人想得通、看得透的程度，或隨着時日過去，傑的自信增強，能處理別人的評議，則或可復合，再作後話。

應付閒言閒語

戀愛期間會聽到各種閒言閒語，這絕非我以小人之心度君子之腹。

戀愛真的不單只是兩個人的事，因為每個人都生活在一整個由親戚、朋友、同事、鄰居、社會大眾組成的關係網絡裏。這關係網絡的諸色人等，因為與你的關係，以及對你的關心和興趣，不約而同地對你的戀人和你倆的相配程度，憑他們的主觀經驗、感覺和生活智慧作出評價，我姑且稱之為「公眾評議會」。

如果你聽過（甚至也想過、説過）以下的評語：

「Alice 人長得漂亮，又有份好的工作，何須遷就他？」

「弟弟自幼又孝順又老實，怎麼找來這個惡形惡相的女子，真替弟弟擔心。」

「Stephen 説她的女朋友比他小三歲，我看她倒像比 Stephen 老三年。或者她不懂得保養吧？哈哈哈。」

「唉，三嬸，你別看他倆外型配合順眼，我總覺得她配不上 Ivan，俗語叫『未夠班』！」

「幹嘛要跟個副學士畢業的拍拖，你大學系裏沒有男同學嗎？」

「阿女，你最好叫 Lawrence 找機會去做身體檢驗，你看他又瘦又蒼白，説話有神沒氣，是否有病？」

甚至路人甲乙丙也可以評議你們：

「這一對真難看，女上男下呢。」

「老夫少妻，多尷尬啊！」

評議只由關係疏離的人而來，甚至只是旁人的閒話一句，稍微成熟的人都可聽過便算了，以一笑置之。評議如果來自關係愈親近的親友，對你們的影響愈大，即使你知道他們的評議出於關心和善意。這些親友不是擦肩而過的路人，你們日後（或婚後）仍有機會與他們見面。

一對戀人公開關係後，公眾評議是不請自來的。若以開放、反省、自信和大方的態度處之，你們自會從中獲得提醒、鼓勵。假若你們屢屢對某些評議十分介意、耿耿於懷，不妨仔細檢視商討，看看是否有值得面對的問題。

有人十分介意別人詢問他和女朋友的薪酬水平或工作

職位，因他倆在這方面頗有差距；有人害怕別人評論他倆年齡距離；有人不喜歡別人稱讚女朋友的美貌，這令他感到沒安全感。

別人的主觀評論，不論認為你們是否相稱，如果直接引起你們強烈的情緒反應，如極不安、不快、失去安全感、自卑、不甘心等，那麼，值得好好地檢視情緒反應背後，是否存在着你倆未能解決的差異、未能拉近的距離，甚至是未能接納的對方和自己呢？

人言可畏？其實更可畏的是梗在心裏的一根刺，若不除掉，則旁人（無論親疏）一個眼神就可刺傷你們，何須說話？

這就是人生。

我們不能，亦毋須躲避別人對我們的目光和評論。以隨時的自省和勇氣，除去自己內心和與戀人之間的刺。以自信、自愛去接受別人好意的評議，自然能不亢不卑，不過分敏感，不變成容易受傷的男人／女人，也不會盲目抗拒別人一切的規勸，如此定能舒暢自得，笑傲江湖。

第九步 如果我們不同步……

年初參加的中級會計專業考試，傑「肥佬」(不及格）了，而且「肥」得很徹底，是傑始料未及的。

在失望下，傑只好加倍努力。由於公司減縮開支，傑的部門削減人手，留下來的人，工作量幾乎倍增。但大家見市場環境不佳，只好苦撐着，工作氣氛緊張，人人自危。傑則要同時打起精神，用所餘無幾的工餘時間自修，準備重考。傑了無生趣，每天回家累得只想倒頭便睡，一睡可以解千愁。

對比傑，諾詩有太多的睡眠時間、太多閒暇、太多假期。諾詩並非不想體諒傑，只是，傑實在被工作和自修榨乾了。每天的宵夜約會取消了，用睡前電話代替。但睡前電話聽到的，是傑瘖啞的音調，和不斷的呵欠聲，他疲倦得既不想多說話，亦聽不進什麼，似乎諾詩最後的那聲「晚安」，才是他最渴想聽到、最有反應的話。

週末和星期日是專心溫習的時間。好幾個月了，自從傑收到難看的成績單後，工餘的節目只有一個，就是啃書。諾詩自己也考過試，明白重考的壓力，但目前，他們的所有週末——惟一可輕鬆共聚的時間，都泡湯了。諾詩覺得好像男朋友失蹤、自己落了單一樣，無人關心自己，也毋須關心他（因傑無暇、無心承受)。諾詩必須自己安排餘暇,否則會悶死(孵在家中等他的約會,只換來一次又一次的失望)。諾詩不需要長假期,因實在沒有節目(傑要把長假期儲存起來,留待考試前的最後衝刺)。

以往任何時候讀到有趣的書、想起特別的事,諾詩都隨手打個電話或寫個短訊告訴傑。但這段日子,傑告訴諾詩,他要專心一志,如無要緊事,還是等睡前電話再談吧。諾詩很想在這非常時期支持傑,卻感到無從入手。諾詩覺得跟傑疏遠了,心生不安,卻不敢以此干擾他,兩人雖近在咫尺,心卻愈感遙遠。

這個週末,諾詩剛踏進餉餃店,竟見到傑獨自一人在吃午餐。諾詩心中一陣不快,全掛在臉上,傑竟未察覺。諾詩點完食物,忍不住發難:

「你不是要加班嗎?」

「今天有三位同事提早上班,很快搞定了。」

「你有額外時間了,幹嘛不給我電話?」諾詩兇巴巴地追問,傑那因過勞而致遲鈍的神經,才稍微恢復知覺。

「啊?噢,別生氣,我想不用加班,正好利用下午的時間追補落後了的溫習進度,不可能約會你,乾脆不告訴你囉。」

見諾詩一臉的失望,傑不忍:「別這樣嘛,我也想多見見

你，只是……」

「不用說啦，我明白的。麪來了，先吃吧！」

開朗的諾詩很快回復正常，二人開開心心地吃完午餐。傑一心往家中的書房跑，諾詩呢？

下午三時，傑正在與一道難題角力，頭皮抓破，仍是一籌莫展，好不沮喪。門鈴響，門開處，站着笑盈盈的諾詩，帶來一盒茶點。

「送『外賣』來的。」

「你先坐一下，我正在做習作。」傑垂着頭，回身便走，諾詩幾乎看不清他的臉。

諾詩枯候了好一會兒，咖啡熱了又熱，最後燒出焦味，只好倒掉再換一杯。諾詩躡手躡腳地到房門口張望了好幾次，不覺已過了個把小時，傑好像忘記了諾詩的存在，諾詩只得叩門。

傑回過頭來，竟是一臉的不耐煩，「你自己吃吧，我沒空。」

「你總得休息一下吧？」

「得啦，我心裏有數，你出去吧。」

諾詩在逐漸轉暗下來的客廳坐着，竟一直等到晚上八時多，傑才從房中出來，發現她呆坐黑暗中，淚爬滿一臉，堅強的諾詩，竟在垂淚。

「你怎麼啦，乾坐這裏，又不吃飯，又不回家休息？」傑又是歉疚，又是苦惱，「我不是說過這是非常時期嗎？我真的不可以分心，你別責怪我。」

「我沒有責怪你的意思，我只是心痛你這樣鞭策自己，幾乎到了不人道的程度。傑，你聽我說，這樣不行的，作息有時，才是上策。你別把自己拉得太緊。」

「我上次就是太輕鬆，才招致滑鐵盧。」

「你不是說上次的考試是近年最艱深的嗎？不及格不足為奇。你上次也盡力準備考試，沒有偷懶啊！你記得每逢週末我送來下午茶，跟你吃完晚飯，你晚上還在用功，並不輕鬆呢！」

「上次就是浪費太多時間在吃下午茶、吃飯、散步、聊天等事上，沒有專心溫習。我真後悔，現在不但要重考，也阻延了拿專業資格的機會。」

「那你是埋怨我連累你分神啦？」

「不，不是這個意思。」傑用溫暖的笑，穩住開始發急的諾詩，「那時剛開始與你約會，我們一起太開心了，就算見不着你，滿腦子都想着你，不能集中精神溫習呢！」

「我明白你重考一定很緊張。但你多時不見我，睡前電話又沒多談，我在想……」

「這是時間分配的問題，非常時期，事有緩急之分……」

「但這幾個月來，在你的時間分配表上，我被放在最最最低的位置，我懷疑若不主動找你，你會不會把我徹頭徹尾忘掉？為什麼？為什麼你可以心裏面沒有我？我現在大概給列在『不重要，可容後處理』一類中？」

「我沒有這個意思，這只是你個人的感覺罷了。」

「就算是我的感覺吧，那我的感覺不重要嗎？」

「唉，諾詩，你別在這個時候，在這種雞毛蒜皮的事上與我糾纏。你的耐性哪裏去了？再幾個月，只幾個月，我的試考完了，我們還不是回復……」

「誰知道明天的事呢？而且，中級試考完了還有高級試。這個專業資格考完了，還有其他更重要的目標。而我，則隨時候命，次序給愈排愈後吧？」

「你別説負氣話，你有這種感覺，令我很不安。我不想令你難過。」

諾詩擦乾臉，不再爭辯，「我還是回去吧。我不想影響你這次考試。」

剛站起身，傑把她一擁入懷，兩人緊緊相擁，諾詩的眼淚又不受控制地、大顆大顆地滾落面頰，淚濕了傑的肩膊。傑的歉疚又添幾分。

「傻女，你藏在心裏的話，今天全變了眼淚吧？」

諾詩索性把頭埋在傑的懷裏，痛痛快快地哭了一場。雨過天晴，破涕為笑，笑自己傻。

「傑，你知道嗎？我害怕失去你。」

「怎麼會呢？」

「怎麼不會？你可以完全投入自己的工作和溫習中，忘記了我的存在……」

「對不起，諾詩，也許我忽略了你，但這考試對我太重要，我不想再失敗。還有，公司在這精簡人手的當兒，同事都練得精括，把不能邀功或表現自己的『騾仔（編按：辛苦）工作』推給別人。可我不想這樣做，遂弄致自己雪上加霜，壓力更大。你知道嗎？有好幾個星期，我每天平均只睡四小時，我真的沒有心力去……」

「對不起，傑，對不起。」用手輕撫傑明顯消瘦的面頰，諾詩對自己的任性和不體貼，後悔不迭。「只是，你得休息，沒有足夠休息，工作和溫習的效率都會降低。」

「好，我聽你的。可是你也要聽話。這樣吧，我讓你陪我讀書，但你一定得帶本書或影碟來，不能枯坐。」傑點點諾詩俏美的鼻尖，「否則，每次枯坐時胡思亂想，跟着又撒嬌，又掉眼淚，我可吃不消哩！」

「我答應你忍耐，不會再任性啦。」

「我也答應你，為了自己，為了你，我儘快把這專業試考好，省得你陪着我折騰。」

諾詩點頭答應。

「寶貝，你記住，我不讓你再傷心、再哭的啦！」

也是點頭答應，蜜意從微笑中漾溢出來。

戀人解難四種裝備

人生不如意事十常八九，戀人並不能免疫。一方、甚或雙方各自在生活中遇上難題或挫折，心情困擾、情緒低潮、經濟或日常生活的壓力，甚至身體上的傷病，亦屬常見。

難處來臨，對於一對戀人，是危機，也可化為轉機。人面對考驗，心情難免起伏，易傾向暴躁、低沉、沮喪等負面情緒，自信心受到挑戰，個人性格中的優點和缺點、控制情緒的能力、解決問題的能力和彈性，在困境中行事是否仍保持尊嚴、原則、公正等，均一覽無遺。

你與愛人共度危機，可增進彼此的認識，若看見平時沒有表露的優點，你對愛人自然更加尊重、欣賞；若看見鮮為人知的軟弱一面，你以理解和溫柔的扶持，共度艱難，這難得的經歷，為你們的感情寫下沒有人能代替的一章，為將來一生廝守、共度風雨，奠下厚實的基礎。

在面對困難時，兩人的解決問題的能力、彈性和取向，是戀人值得花時間去了解的課題。

解決問題的能力，簡略而言，可分為分析能力、控制情緒的能力、意志力和策動資源的能力。

1 分析能力

認識問題的所在和找出其解決方法，必須有一定的分析能力。

· 問題出在哪裏？
· 問題背後的原因是什麼？
· 誰引發這些問題？
· 現在是解決問題的適當時機嗎？
· 有什麼解決方法？
· 哪個方法最有效？
· 解決問題時會遇上什麼障礙？如何跨越？
· 用這方法解決問題要付什麼代價？
· 局面將會如何演變？
· 什麼是最壞的處境呢？

假如問題和解決涉及其他人，那麼涉事的人對於解決方法的觀感和反應，也是不能忽視的。

運用分析能力去解決問題，除了能讓你冷靜，尋出適當的解決方案外，亦可避免你意氣用事，或一時衝動，以致成事不足；或者説了不應該説的話，後悔莫及；或是只沉淪在不必要的自責、自怨自艾中。

運用分析能力，幫助你從「歷史」中學習。將來能否避免重蹈覆轍，並不單靠分析能力，也得靠意志力和情緒控制能力，但至少這刻，你要清楚知道自己的選擇。

2 控制情緒的能力

人必被情緒牽動，在解決問題的過程中，將不健康或可能壞事的情緒好好控制，甚或將之轉化，昇華為推動力，才有助解決問題。

例如，一個人失業，感到自卑、不安全、失望、沮喪、消沉，他要控制自己不因此而酗酒，或整天孵在家中睡覺、打機、煲劇；反而梳洗整齊，出門找老朋友傾訴、四出找相熟的朋友介紹工作、上網求職……面試失敗後回家檢討得失，重看自己的優點，然後自我鼓勵一番。若滿懷抑鬱，回家痛哭一場，亦無不可。

面對情緒，先要認識、接納情緒，才能談控制和轉化情緒。管理負面情緒，策動積極的情緒，往往帶來積極的動力和行為。

3 意志力

羅馬不是一天之內建成的。愈棘手的問題，牽涉面愈廣，後果愈嚴重，解決愈需時，因此，意志力十分重要。

有人遇見問題就百般逃避，愈逃避，問題糾結重重，愈難解決。有些人意志力薄弱，在解決問題時遇到挫折就放棄，或留下爛攤子讓別人來收拾；也有些人心生埋怨，怨天尤人，自己和旁人都不知道如何了結。面對問題須有承擔的勇氣和決心，可惜很多人寧願花更多的精力、時間、資源去逃避，而非去承擔。

4 策動資源的能力

解決問題可策動的資源包括人力、物力、財力，或環境因素和社會資源等。有些人特別專長在認識、發掘、策動和使用資源，有些人在這方面較弱、較被動。擁有策動、運用資源的能力，能人盡其才、物盡其用，亦能增加解決問題的方案，選擇較多。

以上所述的解難裝備，是否能成熟並配合發揮作用，因人而異，這與我們的天賦、性格、家庭教育與習慣、學校教育、後天的訓練和經驗，都有關連。因此，在與你的戀人共度難關時，多認識他面對、回應、解決問題的能力。試想往後的三十年、四十年，或者更長的日子，你們要面對許多人生必經的困難和考驗，你們將怎樣迎向風雨？

有人說，要知道一個人最內在的素質，不單要觀察他得意的時候，更要了解他怎樣面對失敗、挫折和考驗。「疾風知勁草」，自有千古留存的智慧。

如何有效解決戀愛問題

1 解決問題的彈性

每個人遇事，因其性格、過往的經驗、家庭教育和訓練等，自有其一套既定的思想、行為和情緒反應模式，這套模式決定你解決問題的方式。這套模式能否開放，能否因應不同的新經驗作出改變、擴闊、調整，就是解決問題的彈性了。

二人相戀，女方認為男追女天經地義，慣於男方事事遷就，每次意見相左，必定是男方主動和解。有一次，女方發現男方約晤久別重逢的前任女友，他雖未說謊或刻意隱瞞，女方卻認為他應坦然相告，故而吵起來。等了一、兩星期，男方仍未回頭尋求和解。

若以女方的固有模式，她猜想男方可能老羞成怒，索性乘機與自己疏遠，與前任女友舊情復熾。結果女方感到憤怒、被拒、失去信任、被不公平對待。即使男方仍對她一心一意，女方只會對男方更不信任、更多猜疑、指責，甚至要求他多番解釋、保證，才肯與他修好。

有彈性的面對問題的態度是：

- 女方能否對問題有不同的（或多過一種的）思想、情緒和行為模式？
- 她能否反省：自己要求男朋友事事匯報，是否不切實際或過分？
- 男朋友與前任女友約會，可能只是未及告知，而非有意隱瞞；或者男朋友視與前任女友為普通朋友，故沒有相告？
- 當二人為此事爭吵時，男朋友會不會為此而感到不被信任，或隱私、個人自由被剝奪而極為不快？以致不想主動修好？

如果男朋友真的在此時醞釀情變，自己更應弄清楚原委，尋求解決，而非坐困愁城地消極面對。

如果女方有以上的思想，她的不安全感可能會降低，重拾對感情的信心，對自己的過敏付諸一笑；或覺得對男朋友公平一點，學習尊重他的隱私；或理解感情的拆毀和建立，雙方均有責任，不能一味地覺得自己是受害者，也不會繼續期望對方長久地扮演主動、討好的角色。

女方主動聯絡男方，示意和解，或表白自己缺乏安全感的感受，或嘗試理解男方的想法與感受，主動澄清彼此的誤會。假如有需要，女方也可以為無理的要求，或爭吵中不堪的話語道歉。

很少人喜歡道歉，很少人會發現自己的錯誤，以致改變個人習慣的思想、情緒和行為，因為這都要用勇氣，要付出代價和努力。解決問題的彈性，就是不被自己的習慣所囿，擴闊自己的思想、眼界、感覺，學習新的處事技巧、思想和反應，勇於承認和去除錯誤與偏執，增加自己遇事應變的選擇。

2 解決問題的取向

雙劍合璧？還是獨自閉關修練？

戀愛中遇到難題，兩人彼此須多加了解，盡力支持，盡一個支持者、伴侶的責任。讓對方安心地傾訴，你盡力安慰，成為他的最佳避風港！有時，你可以適時地提醒，有智慧和技巧地說真話，作戀人的良師益友，不必一味盲目附從對方。

有些人遇事慣於藏在心底，或自個兒躲開，獨自解決、面對。誠然，這是個人的習慣和選擇，無分對錯。然而，你的戀人是最愛你、最關心你的人，若不能與你分擔困難，必定極為難受，甚至覺得自己無能，感到拒諸門外，無奈、孤單、委屈。若你閉關過久（注意，是否「過久」，全屬個人主觀感受，絕無客觀標準），你的愛人可能會由擔憂變為沮喪、憤怒，甚至放棄。你「個人」的情況直接影響「兩人」的關係，也直接影響他，所以你要考慮改變一下這習慣。

是否喜歡和習慣與戀人分享個人的困難，你有選擇的自由。假如你不打算改變，最好在戀愛時期就讓你的戀人知道，給他心理準備。若你的戀人與你一樣愛「閉關修行」，那當然皆大歡喜；否則，你閉關的行動，就成為對方感覺的一種考驗。

假如遇上的難題，是直接與你倆的感情有關的，可能你需要先獨自安靜、思考和自我檢驗。但我鼓勵你們務必攤開來共同面對，溝通感受和想法，莫讓個人的猜測、懷疑、怨懟和憤怒收在心底，埋在你們的關係當中。

糾結的難題會是這些嗎：

- 你覺得他對你不及當初追求時的殷勤體貼？
- 她近來脾氣壞且難服侍？
- 你懷疑有第三者介入？
- 認識愈久，愈發現他的祕密很多，你覺得不安全？
- 你覺得他重視工作、家人、朋友多過重視你？
- 你覺得她對以往的戀情仍依依不捨？
- 你感到跟他在一起愈來愈沉悶，甚至想逃避？
- 你們拍拖日子不短，究竟他是否有意與你結婚？

這些纏繞你們的難題，何不一起去面對？猜測或個人想當然的判斷，容易造成誤會和傷害。任由這些問題潛藏，慢慢蠶食你們的關係，或者蛀蝕你對他的信任和好意，實在愚不可及。

離離合合？

有些戀人，每逢面對彼此間的問題，喜歡以「短暫分開」作為解決良方。短暫分開無疑能令缺乏建設性的衝動情緒和決定有機會冷靜下來，也令互相糾纏、埋怨等現象停止或緩和。不過，短暫分開最好是雙方同意，並清楚商討時間、目的和安排。

短暫分開的時間：例如一個月，或是三個月，如果對方建議的分開時間對你來說太長，或太模糊，則要溝通清楚，澄清對方是否其實在提出分手？

短暫分開的目的：

- 讓雙方冷靜，自我檢討、檢視對這段感情的觀感
- 讓其中一方作決定並有所行動，以疏解阻礙感情發展的問題

短暫分開的安排：

- 是否停止所有（還是部分）約會？
- 是否停止交換一切電話、電郵、短訊、即時通訊和禮物？

· 時間有多長？

當然，重點是「怎樣」分開才能令雙方接受，又達到短暫分開的目的。

可能你覺得上述說法很可笑。一對戀人，在戀愛中遇上不快，意氣之下說了一句：「我們暫時分開，冷靜一下吧！」這看似多麼自然而簡單的事，何須上述的建議？然而，經驗告訴我，很多戀人就是把短暫分開當作靈丹妙藥，不加思索，隨便使用，結果傷痕累累，磨損了感情和信任。有人以短暫分開作為個人逃避認錯、拒絕承擔的藉口；也有人以短暫分開為威脅，欲迫使對方遷就自己。這種種不良的動機，不但誤人，最終亦傷害自己。

一份感情，能承受多少次吵架、爭執、阻礙、短暫分開，或在困難中艱苦的掙扎呢？沒有人知道。然而，在你倆感情的花園中，須保持玫瑰與荊棘的平衡。荊棘既不能免，則在風和日麗的日子，盡力栽培玫瑰，讓玫瑰多佔園地，把荊棘擠到牆角去。

婚姻輔導大師郭文（Gottman）根據多年研究婚姻關係的心得，給玫瑰和荊棘的平衡建議一個比例。要多少玫瑰的嬌美，才能平衡荊棘的傷害呢？一比一？二比一？郭文認為，兩人在婚姻中相處廝守，考驗極其嚴峻，他建議玫瑰與荊棘的比例是五比一！

在相愛的日子，多表達愛意，多為對方着想，多栽植玫瑰。誰曉得，荊棘會在什麼時候覷空鑽出來呢？

第十步 如果一段感情未能承受分歧？

午夜十二時了，傑的睡前電話還未到。

諾詩今天在辦公室差點跟同事 Susan 吵起來。瑣碎事，但 Susan 每次因疏忽犯的小錯，不是惹起學生鼓噪，就是要其他同事花上好幾倍的時間善後。諾詩今天手快，及時補救了，忍不住請 Susan 進來提醒幾句，可換來的是高傲的表情，還說：「小事一樁！而且，如果你同意，可否讓我免役？這部分工作太瑣碎了。我正在讀管理學碩士課程，負責這部分工作，有點大材小用。」諾詩看着這位剛拿到大學文憑半年的新丁，連搖頭歎氣的勁兒都沒了。

「你在嗎？」

「等你電話哩！」

「眼睛要用牙籤撐開！」連發 WhatsApp 都沒回覆，諾詩等得不耐煩，打電話過去，都是佔線的，諾詩只好等。

等！等！等！等待中的時鐘走得特別慢，在腦海中的思緒游走得特別快。多等了二十分鐘，電話終於響起。

諾詩憋了一天的怨氣一下子傾囊而出，傑強撐精神應付。原來剛才有要緊的公事，他跟同事在電話裏掙扎了半小時才初步解決了，明天還得大清早返回公司處理。因此，諾詩訴說了不及十分鐘，便發覺傑幾乎呈半昏迷狀態，反應遲鈍。

諾詩雖願意了解，但仍是不能自已地感到被忽略和受傷害。而類似的經驗，對於諾詩來說，並不陌生。

諾詩大學一年級時，認識了同學婉妮的哥哥俊，是同級讀法律系的。他們兩人極為「合拍」，一同憧憬着美好的前景，熱戀起來，朝夕相見，把學業荒廢了。到覺醒過來，已面臨考試，諾詩勉強過關，俊則屈辱地留級，由同學變為諾詩的「師弟」。考試失敗滋味固然不好受，面子亦受損，對俊來說是生平最大打擊。俊略有微言，後悔因戀愛而分心，誤了學業。諾詩亦因而心存內疚，因此，往後五年，即俊在學的三年及在律師樓的兩年見習生涯，諾詩最重要的任務，就是支持俊讀書考試。整整五年裏面，諾詩無論在校選課、為自己訂定溫習時間表、找兼職，及至後來她畢業求職的時候，例必優先考慮是否方便她支持俊的學業和事業發展。俊也很順理成章地接受諾詩的支持，一切倚賴她，無論到圖書館找資料、交功課前的打字校對、準備考試時的起居飲食、到律師樓上班的衣服添置——都由諾詩打點包辦。

諾詩的心思，全副放在他們的將來，現在的犧牲、忍耐、遷就、等待，為的是俊獲得專業資格，在事業穩定後，他們即將展開的美麗幸福的生活。

等到俊的事業上了軌道的當兒，他卻向諾詩提出分手：「我不想延誤你的青春，我們還是分手吧！」

為什麼？

「我已失去對你的愛情。我們很親近，好像兄弟姊妹的感情一樣，互相照應，有福同享，有難同當。可是我們之間已沒有柔情、沒有浪漫，我們太熟悉了，完全沒有神祕感，連想像的空間都沒有。」

相戀五年多，你現在說視我如兄弟姊妹？

「你覺得我們在戀愛嗎？或者起初半年有這樣的感覺。但之後，這戀愛的感覺已消失殆盡。」

我事事以你為先，支持你，把自己的需要、喜好，甚至休息、娛樂、發展等按下，總是為你着想。我以為你會在婚後補償一切。

「對啦，這就是誤會所在。我一直沒有向你提過結婚，不是嗎？」

確是沒有。

「沒有！如果我視你為結婚對象，我怎會五年內都沒有表示？我感到我們是好朋友而非戀人，我以為你的感覺與我一樣。」

多可怕的誤會！

真的是誤會？諾詩難以理解，不能置信。但如果不是誤會，那是什麼呢？俊在與諾詩分手後不足半年，已與一位女同事熱戀，旋即談婚論嫁。假如俊跟諾詩一樣視過去五年的感情為戀愛，他又怎麼可能不受傷害，輕鬆投入一段新的戀情呢？

但假如他們之間沒有愛情，過往同學、朋友、家人，甚至諾詩自己都認定他們是一對，為何俊不加以澄清？對於諾詩為他所做的一切，何以俊從未拒絕？

最後，是婉妮——俊的妹妹，不忍見諾詩跌入極度的混亂和痛苦當中，將俊未提出分手前已開始另一段戀情的祕密，告訴諾詩。婉妮一向替諾詩不值，覺得她太死心眼，對俊太遷就。「你把他慣成這樣子，將來註定吃苦頭。」誰知，大家都猜錯了，諾詩連吃苦頭的機會也沒有。也許對俊來說，諾詩得來太容易，太靠近，的確像他的妹妹，多過像女朋友。

經過時間的沖洗，諾詩努力忘記，這創傷終於痊愈。誰知，這次的愛情路，來到這一步，竟與上次如斯相似，怎不叫諾詩吃驚，舊患隱隱作痛。

諾詩這個週末不施脂粉，穿着T恤牛仔褲回到辦公室。這不是她輪值的工作日，但她實在不想留在家中，大學環境優美，她不自覺便踱了回來。

正在整理案頭文件，有人在外面按服務鈴，負責的同事正在接電話，諾詩轉出去先應付着。是個看來近三十的男士，不像學生。

「嗨，早安，我是生物系新到任的助理教授，收到你們的通知書，要我把畢業證書的正本拿來讓你們核實。喏，這是博士證書，這是……」櫃面上立即鋪滿他的證明文件。

「哦，這位教授，你走錯地方了。這裏是學生事務處，對面的大樓才是教職員行政樓。」

「什麼，門口不是寫着大學行政處嗎？」一臉茫然。

「對，可是下面一行字寫着學生事務處。」

臉「唰」地紅起來，還傻笑！是個戇直的人。

「噢，我又弄錯了。對不起，我常跑錯地方、辦錯手續的。謝謝你。」

他匆忙收拾自己的證書，轉身便跑。諾詩眼尖，見其中一份文件從他還未扣好的文件夾跌出來，落在石階上。諾詩見他已出了玻璃門，只好三步並兩步地追了出去。才拾起文件，抬頭一看，天！他又走錯了。他剛剛錯過了行政大樓的門口，向着文物館走去。

「喂，你，教授，教……」他走路很快，諾詩追不上，只好叫住他。

「咦，小姐，有事嗎？」他回過頭來，問號寫在臉上。

「你掉了東西。」

「啊，謝謝，謝謝，我真大意，這文件很重要，謝謝。」

「還有，你走錯了。」

臉又脹紅了，「沒有罷？你剛才不是說對面的大樓嗎？這不是……」

「先生，是你剛走過的那一座。」

「噢，我沒注意。對，是那一座。」訕訕地答道，戇笑着，手沒意識地抬起來，托托眼鏡框，在掩飾窘態。

諾詩強忍着笑，佯作正經地問：「你應該上三樓的，要我帶你去嗎？」

「啊，不用，謝謝。」

「別客氣，再見。」

「小姐，請等等，」他眼神游走，囁嚅道：「我聽說這大學有一間教職員餐廳有海景，桌子開到草地上的，可是我找了三間都不對，請問……」

諾詩按捺不住，笑起來。他也陪着傻笑。

「那間餐廳離這裏不遠，卻不好找。這樣吧，你辦完手續，來學生事務處找我，我帶你去吧！我也想去喝杯茶。」

「請問你是學生嗎？」

諾詩傻了眼，「學生不准進教職員餐廳的，告訴你，我是職員，專門在校內帶路的。」

兩人嘻哈笑倒。

此後，劉定國教授不時因迷路、搞不清楚手續等，來向諾詩求助。往後，他考慮換宿舍的窗簾、買家具、申請駕駛執照，或者閒來無事，都來約會諾詩。

是，是約會。

諾詩不能再否認。

起初，諾詩向自己解說，「只是多認識一位朋友罷了」。他人很直率，小事極糊塗，智力都用在學術研究上，剛從美國回來，在港既無家人，又沒朋友，何不多幫他忙？

只是，陪他置窗簾之餘，關心到他的起居飲食，幫着眼買了小焗爐、電咖啡壺、餐具、晾衣架……是否太過熱心？

帶他申請駕駛執照是正事，因為他跑了兩趟，不是跑錯樓層排錯隊，便是錯過了辦公時間。可是，接着的午飯、飯後乘興到大嶼山遊玩，晚飯後還去喝兩杯，盡興而歸，這不是約會，又是什麼？

轉瞬，金秋已過，傑的考試完結，他好像大病初愈，元氣未復，仍是懶洋洋的，但他早已意識到諾詩與他的感情起了變化。在初夏，諾詩不時來投訴傑對他的忽略，常覷着傑的空檔時間來與他共聚，不理會傑的疲倦，堅持每日一通睡前電話。然後，漸漸，諾詩開始接受事實，不情不願地為自己安排假期和工餘活動，她知道愈糾纏傑，不但影響他的學習，也惹他厭煩。可是，從夏末開始，諾詩心情好轉了，她回復了以前的活潑、外向，留在家中的時間很少，每天的睡前電話也在雙方的鬆懈下停止了。甚至，傑有好幾回打電話找諾詩，晚上十一時，她仍未回家。傑疑惑了，可考試日期逼近，他強迫自己冰封一切，待考試後再作打算。

那邊廂，諾詩仍在享受歡快的約會和忍受內心時有的掙扎，與此同時，劉定國用完了一切藉口，展開正式的追求。約會、鮮花和正面的表白，把諾詩殺個措手不及。理想的對象，舒暢的交往，坦朗的前景，這一切來得挺順利，諾詩覺得幾乎不可能拒絕。

回想與傑的交往，浪漫中纏夾着許多分歧，歡樂中經歷不少矛盾，現在最清晰留下的，是道義上的責任，和模糊不清的前途，諾詩為此煩惱。

諾詩珍惜與傑的感情，傑的優點她都記得！只是，想到與傑發展下去，仍有至少一、兩年的等待。無止境的等待，要到幾時呢？

諾詩曾單純地期待耕耘之後的收穫，等待之後的獲得，卻被俊的決然離去，徹底地動搖了她的方程式。這一次又將如何？

諾詩苦思之下，數夜無眠，竭力坦誠面對、詰問自己。最後，她不能不承認：感情上，她已移情劉定國，與傑的情，日漸模糊；理智上，她不想再等待，她已禁不起更多的風雨，她要選擇一條較平坦的路，她要結婚，安定下來。

所以，等到傑考試後約諾詩詳談，他們都意識到是感情結束的時候。他們倒像老朋友，坦率道出過去幾個月各自的心路歷程、各自的掙扎、各自的前瞻企盼。

很奇怪，傑得悉諾詩另結新歡，且穩步發展的時候，感覺是輕鬆多過嫉恨，他為諾詩的幸福祝禱，多過悲哀自己感情的失落。也許是近半年的疏遠；也許是傑自知不能對諾詩作出任何承諾，心有憂愧；也許，愛情淡去，餘下的僅是迷茫的回憶吧。

再清楚不過的分手，各有一絲歉疚，各有殘留的戀棧，然而，他們都了解，繼續走下去，比分手更苦更難，甚至是不可能，也不可取了。

第十一步 如果我們走進教堂……

從聖誕的子夜敬拜歌聲中走出來，諾詩和傑駐足在香港中文大學冬夜的靜謐中，星光燦爛，兩人不自覺地抬頭瞻望了好一陣子。

「有沒有人把婚禮安排在子夜的？」

「唔，沒聽説過。」

「我想，婚禮在子夜裏行，一定很美。」

「在星光下。」

「唔，在室內宣誓，唱詩時有燭光，在草地上舉行茶會時有星光。」

「那一定不可以在夏季，得在秋天或冬天。」

「為什麼？」

「夏天蚊子太多了，草地上不能站得久。」

「冬天不錯。我剛完成中級考試，多給我一年時間，明年冬天，我準能完成整個專業考試。我們在聖誕節前結婚，好嗎？」

「你對我說啊？」俏皮地明知故問。

「咦，除了你，沒有別的女孩夠聰明，慧眼識我這個英雄哩！」

「那我還要等整整一年。」

「你肯等嗎？」

「你這算是求婚？」

「天地為證還不夠？那我送你這個做訂婚禮物。」有備而來，傑掏出一本有百來頁的硬皮小本子。

「這是從我對你有特殊感覺那天開始，隨意寫下的日記，不是天天都寫，但記下的，都是當時很真實的感覺和想法。」

翻看了好幾頁，諾詩抬起頭來，滿含淚水的眼，閃着星光，傑從未見過這麼動人的眼睛，「多謝，這禮物，我收下了。」

諾詩回家細閱，直至曙光初露，看到日記的最後一頁，是傑寫的一封信。

親愛的諾詩：

我們相識於風雨中，卻愈走愈晴朗。

在我們開始交往的時候，我自信心不足，我承認也曾用世俗人的眼光去看我倆的配搭，自愧不如，加上遇到分歧和挫折，我曾考慮悄然引退，減少傷害。

然而，諾詩，是你的信心和堅定，並且願意接納我、陪伴我一同掙扎，叫我不肯割捨與你的感情，因為你實在太好：你剛強而不霸道，溫柔而不懦弱，安靜卻不沉悶，解語卻不點破，與你相處，總是感到你自然流露的了解、包容、支持和同心。

因此，我不敢再延遲向你求婚，我怕我的猶豫為自己帶來無法彌補的遺憾。對我而言，你是稀世的寶貝，有時想想，在巧遇你以前，你也曾戀愛，幸好老天爺把你留住，專留給我。以往我也怨天，覺得上天待我不公，但原來上天把你——最珍貴的禮物賜給我，你足以彌補我生命裏許許多多的不完滿。

我願以一生的愛愛你，是你的愛，叫我想把所有的「好」向你傾倒。雖然我沒有鑽石洋房，但我答應，以帶給你幸福和快樂為己任，容讓我分擔你的煩惱和憂慮，讓我從此照顧你、愛護你，直到死亡把我們分開，好嗎？

傑

踏入教堂前還有關卡？

婚姻，是戀人渴望到達的彼岸。刻骨銘心的愛，透過相愛相屬的廝守，踏實地實踐出來。彼此委身的承諾，將自己的終身完全與另一個人聯合，共編一個同心結，絲線交纏，不分你我。承諾了共同面對可知與未可知的將來，締結人際關係裏最親密、獨一的聯繫。此後，不論苦樂禍福，健康疾病，順境逆境，兩人都共同面對；不但出於對允諾的信心，也是相戀時憂喜與共的滋味，願意以對方的幸福為自己的幸福，對對方的傷痛感同身受，一力承擔。

婚姻的約是一生之久的，婚姻的幸福和堅定，也要兩人終生共同努力追求、鞏固的。漂亮的婚紗、莊嚴的誓詞、快樂的婚禮，只是婚姻生活的開步禮；夫婦二人不斷地互相付出、認識、接受、適應、欣賞，一起經歷、一起成長，演繹誓約的每一段落，這段婚姻才會愈有意義，愈精彩。

1 模擬測驗

一同邁入人生一個新階段，帶來的興奮和幸福感是很奇妙的感覺。你們可能會突然想到：奇怪！怎麼在茫茫人海中我倆會相遇、相識和靠近？

一生同行，這決定有豐富的經歷和穩固的信心作基礎，因此縱然想到要踏入婚姻會有點緊張，對自己、對對方以及對這段感情，卻是充滿信心的。

在籌備結婚的當兒，約會的浪漫氣氛可能減低，有許多實際的安排和決定，可能令你們緊張忙亂。除了婚禮、喜宴的籌措，你們要切實地商討婚後的經濟、住屋、生育、工作、對家人（例如父母、弟妹）的照顧等。面對這些問題，是一個很好的考驗，幫助你倆增加在婚前必要的認識，帶來的新發現或震盪，是實際婚姻生活的「模擬測驗」。

婚前輔導可幫助你們藉這「模擬測驗」獲得最好的準備。

一般透過婚前教育講座、小組互動交流等形式，給一對新人同時或個別的輔導，回顧戀愛的經歷，檢視互相認識的深度和廣度，包括你們的溝通模式、處理衝突的解決方法、本源家庭如何塑造和影響你們對性、婚姻、夫婦關係的觀感，以及溝通你倆對婚姻生活的期望和計劃、經濟預算、性知識等。

2 婚前恐懼症

有些人會突然患上「婚前恐懼症」，為自己作了這樣重大的決定而感到不安。他們會懷疑：對方是否值得我託付終身？我們是否一時衝動？他日會後悔嗎？婚後遇見困難，我們真能應付？我們的結合真能帶來幸福嗎？

其實，任何人在作重要的決定（例如移民、轉業、結婚）後，都要面對自我質疑的階段，因此，在你們籌備婚禮、計劃將來時，須無間地坦誠溝通，互相鼓勵和支持，不要吝嗇表達欣賞和愛意，能幫助你們不致患上婚前恐懼症，亦可抗衡在這段非常時期因瑣碎事務帶來的額外壓力。

在輔導室裏，我也曾遇到逃婚的案例。註冊手續辦妥，房子已裝修好，帖子已派發，甚至婚紗照都拍過，準新郎突然不知所蹤。或者是戀愛經年，接受了求婚，戒指也戴上了，準新娘突感意興闌珊，堅持分手，不為什麼，只因「不愛你」。這些例子很少，而且，當事人若冷靜地回顧，多能清楚準確地道出對方逃婚的原因，而且往往是遠因，這亦呼應了我在前面的呼籲：不要將問題收藏心底，你永遠不能逃避問題；因為，問題就是你！

3 婚前備忘

切勿因已訂婚約，便視對方如囊中物，把對方一切的努力、優點、好意、妥協，均視為理所當然。欣賞對方，以感謝的態度去接受對方的付出，表達對他／她的愛意和謝意，是談戀愛必備的態度，在這一刻，以至婚後，你們不也繼續戀愛嗎？

進入婚姻大門之前，對一些以往你難以啟齒的祕密，這是最後的表白機會。這些祕密多半因為對你倆婚姻有重大的影響，或因你缺乏勇氣，一直掙扎延遲，未敢開口。例如：你是否貞潔？目前是否患病？有否家族遺傳的缺憾會影響生育或傳給下一代？目前是否負債？以前曾否結婚？你應該在訂定婚約之前就交代，總比在婚後告知或被發現為佳。

容讓隱瞞和謊話進入婚姻，勢必動搖你倆互相信任和婚姻的誠信。婚姻的取消，帶來的傷害和影響遠比婚姻破裂為小。

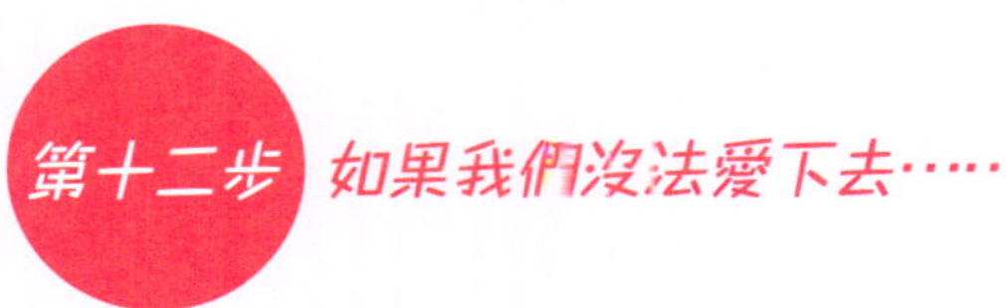

第十二步 如果我們沒法愛下去……

今年的秋和冬，連袂而至。辭枝的枯葉剛落地，趁着寒流，北風呼呼颳起。諾詩暖烘烘地準備了一肚子的話，但傑的反應，把諾詩心中惟一的希望都冷凍了。

過去大半年，傑埋首苦讀，考試終於結束了，傑也在前兩天收到成績單，他順利通過會計中級試。諾詩本想趁着這時機，跟傑再好好談一下他們的將來。

「傑，有想過我們的將來嗎？」

「當然是結婚啦。」

「單是過去半年 我就有三個同學結婚了。」諾詩不只一次地明示暗示，傑當然明白。

「諾詩，我們不是說好了，待我的專業試考完，就儘快結婚嗎？」

「我們有必要多等一年嗎？其實我們結了婚，你繼續考試，不也是一樣嗎？」

「結婚不多不少會令我精神分散，婚後要兼顧、要適應的事情一定比現在多。」

「不會的，我保證一定讓你專心讀書，不會纏人的。」

「那跟現在有什麼分別呢？」

「我……我覺得很悶，這種現狀我們還要維持多久呢？」

「諾詩，除非我婚後拖慢讀書考試的進度，否則，結婚不能解決目前的問題，只會給你更大的失望。」

「那……我們先訂婚好嗎？」

「好，我們改日去買訂婚戒指吧。」

類似的對話已是近半年來第四次出現，但對話未能縮短二人想法的距離。每次諾詩都提出一些建議，期望能把他倆更拉近婚禮的壇前。諾詩曾建議去選購訂婚戒指、尋覓新居，或者安排雙方家長正式會面等；但話說完，傑就像患了失憶症，不是忘得一乾二淨，便是把事情明日復明日地推延着。結果？結果二人訂婚的事毫無進展，卻換來諾詩心中一次又一次的失望。

這次，諾詩的心徹徹底底地冷了。諾詩記得少年十五二十時，曾有一段兩小無猜的初戀，兩人中學會考剛過，決定要先訂婚。那男孩毫不猶豫，拉着諾詩在旺角鑽了幾間商場，用五十塊錢買下一對戒指，當場就戴上了。到了今天，諾詩沒有改變，她要的不是昂貴的戒指，而是為她套上指環的那片心。

諾詩回到家以後，把她在網上搜索多次、精心挑選的訂婚戒指，還加上訂購的連接、聖誕節特價的廣告傳給傑。對諾詩來説，這是她能做的、最貼近求婚的行動了。

往後的兩週，諾詩確定傑接到那電郵，可傑還是像以前一樣不聞不問不行動。諾詩再次為傑找籍口；可能他太忙了；他會不會偷偷去買戒指？然後藏起來，要在聖誕節給我一個驚喜！他知道我最喜歡的節日是聖誕節……

這年的聖誕夜，諾詩收到的禮物是一條羊毛圍巾；圍巾很暖，可諾詩感到前所未有的冷；傑看到諾詩拆禮物時的失望，卻還是不問。她當晚就退出傑 Facebook 上的「關注」，還是沒有反應！諾詩，連淚水好像都變冰的了。

最後，諾詩疲倦了，她再沒有精力去玩這個猜測、暗示、追問、等待、失望、自我勸解的遊戲；她給傑最後一個短訊，跟他道別，然後換掉電話號碼。

分手，反正要有人行動。

溫馨提示

戀愛之路

* 邂逅期間雖有緊張和疑惑，但這是必經之路，把握時機表達感覺和欣賞
* 初期約會，患得患失；別忘記以勇氣和信心，打破彼此隔膜
* 把你的戀人當成一本書，愈讀愈加深了解，愈讀愈有興味
* 彼此有了默契，就要公開關係
* 戀愛不只兩個人的事，不用刻意躲避別人的目光和評論，在其中也可以找到提醒和鼓勵
* 戀人也要學習解難能力，處理一同遇上的問題
* 多培養彼此之間的快樂時光，作為關係遇上艱難時的寶貴資產
* 經過順逆與起跌，以坦誠同步婚姻殿堂

第四課

相愛

如何變身最佳情人

愛，是要學習並付出代價的；愛悄悄萌芽，然而，愛苗的成長和鞏固，需要雙方的努力。想收穫豐盛美麗的愛情果子，視乎你倆如何澆灌栽培這株愛的幼苗。

既要選擇與一個適合的人談戀愛，我們也要做個合適的戀人。合適的行動和態度，令你的戀愛路程更平坦，也叫你倆成為可愛的戀人，合譜一首愛情無雙曲。

絕招一 愛自己

人先要自愛，才有愛別人和接受愛的能力。否則，很難與別人建立健康和相愛的關係。

Vinci 是獨女，自幼在一個不和諧的家庭中長大，父母的關係不佳，各自以工作逃避。Vinci 感到十分孤單和寂漠，學業和事業均差強人意。Vinci 一直覺得自己無能、不可愛，是別人的負累。從小到大，Vinci 習慣了家人之間的冷漠和距離，害怕與別人接近；由於自覺不可愛，也未嘗向人敞開自己的內心世界。Vinci 對有意追求她的 Gordon 態度若即若離，縱使 Gordon 對她真心一意，多次剖白，Vinci 仍需要很長時間，才願意開始相信 Gordon 對她的真心。經常盤桓在 Vinci 腦海裏的疑問是：「我一點也不可愛，為什麼他會愛我？」「他是否真的愛我？」「他對我的愛會長久嗎？」

對於 Gordon 欲更多認識自己，或對自己表達關懷愛護，Vinci 的初步反應是退縮迴避。

戀愛中人自然渴望與對方在心理、情感各方面互相認識，這些都教 Vinci 既渴想，又害怕。原來接受愛也可以如此沉重。

缺乏自愛、自尊，令你恐懼與另一個人靠近；沒有自我欣賞的能力，也很難相信別人對你的欣賞。

絕招二 愛護他／她

愛他／她，付出自己的心、熱情去關懷愛護對方；體恤他／她，與他／她同行。同行講求互相了解和感同身受：他的需要你是否了解？她的恐懼你能否知悉？他的自卑退縮你是否感受到？她的憤怒你能否體恤？

注意他／她的需要和感受，隨時溫柔地作出回應，以理解、行動和語言來表達關懷和愛護，讓對方沐浴在你的愛裏。你可以對他／她溫柔地一笑，說一句體己話，聽他投訴工作的壓力，或者向她分享心裏的夢想。他遭誤解時，聆聽他；她受挫折時，支持她。

愛，是付出而非佔有，倘若你只想支配、擁有，要求愛侶服從，「隨傳隨到」、「事無大小均須報告」、「凡事以我為先」，這只是滿足自己的私慾，稱不上是愛。

Andrew 少年時的心願是到美國留學，可惜家庭經濟不許可，未能如願。他大專畢業後努力工作，獲得公司推薦往美國深造，但卻一分猶豫，不肯定相戀兩年的 Carmen

態度如何。Carmen 見過友儕中因經不起分隔兩地而濃情轉淡的例子，但又理解到這次深造是 Andrew 實現多年夢想的良機。決定忍受兩地相思之苦，付出心力來維繫感情。Carmen 與 Andrew 坦誠分享內心的憂慮，鼓勵 Andrew 上路，並約定拉近、補足分隔兩地距離的方法。Carmen 了解，與其絆住對方不容他發展，不如加緊腳步與他同行。對方心願得償，不也是自己的滿足和快樂嗎？

Charlotte 和 Kelvin 中學時期開始談戀愛，Kelvin 的成績和各方面表現都比 Charlotte 優勝。Kelvin 順利升讀大學，畢業後覓得理想工作；Charlotte 中學畢業後成績平平，從事保險業，在工作中載浮載沉。朋友們對於這一對並不看好。Charlotte 對別人的眼光頗在意，Kelvin 因而對 Charlotte 格外支持，不願意她受傷害，在她工作遇到挫折時溫柔開解，在她情緒低落時鼓勵同情。這種堅定的愛護，不但令 Charlotte 增強自信，更使二人的感情日漸深厚堅固。

絕招三 ❤ 尊重他 / 她

尊重是清楚地了解對方的優點和缺點，真正整體地接納對方。包含了看穿愛侶，用愛心提點他，以忍耐等待陪伴對方逐步改善弱點，及接受他個人的獨特性和決定，給他自由、空間和自主去成長。

Elsie和Vincent在各方面均很匹配，二人相遇相戀，一帆風順。在籌備結婚時，兩人多了很多共同作決定的機會，Elsie才發覺Vincent遇事猶豫不決，往好處看是考慮周全、冷靜謹慎，但Elsie覺得Vincent處事婆媽，不夠爽快，不能當機立斷，二人經常鬧得極不愉快。

「連買副窗簾都要思前想後，跑十間八間店舖才肯下決定，浪費我的時間！」

二人在接受婚前輔導的時候，盡訴心中情，才發現彼此的距離。

Elsie在小家庭成長，只有一個弟弟，父母均是雙職，家庭生活簡單。母親是現代職業女性，注重訓練Elsie姊弟二人的獨立性格，故Elsie屬心直口快、做事斬釘截鐵的類型。而Vincent的本源家庭較傳統，三代同堂，Vincent在兄弟姊妹間排行中間，甚少分擔責任或決策，但被教導要尊敬長輩、照顧弟妹，故作決定時缺乏經驗，較顧慮旁人的觀感，瞻前顧後。在Elsie眼中，Vincent顯得婆婆媽媽；對Vincent來說，Elsie則太衝動急躁。問題說清楚了，兩人便須自我調整，互相忍耐，用新的眼光去欣賞對方與自己的不同，以愛提點可改善之處。

婚後數年，他們笑說：「有時心情煩躁，大家還會因這老問題吵起來。」但兩人都知道，愛的是對方的整體，故此，也要整體地接受對方。

每個人成長的過程中，都有三個「我」——

理想的我（ideal self）：來自從小到大的價值灌輸，包括本源家庭、對你影響重大的人（significant others）、社會的規範、教育傳遞的信息等，這些在你心中塑造了一個具有特定性格、外貌、成就、表現的「理想的我」，通常是高尚而完美的。

表達的我（presented self）：是你在公眾面前的表現，亦即大眾所認識的你。通常因為與人相處時欲獲得較高的公眾評價，你在表達自我時，是經過選擇和壓抑的。

真實的我（real self）：你對自己內在實況的認識，是你在夜半無人、撫心獨自省察時的自己。在這時候，壓抑、修飾均盡數除掉。

一般來説，現代社會人際關係疏離和複雜，為了保護自己，「表達的我」和「真實的我」之間存在着距離，是你自覺並刻意選擇的。例如，你本來較內向膽小，但與人相處時，你刻意表現勇敢，或避免出洋相、以免被人譏為膽小鬼。

在戀愛初期，男女二人由正常的社交開始，相知的是

「表達的我」；雙方感情發展下去，相知愈深，「真實的我」或是不經意流露，或是因對對方的信任而自我表露。尊重、接納他／她，不僅包括對方「表達的我」，也包括對方「真實的我」。

尊重他／她，接受他／她是他／她，愛這個他／她，而不是想改變對方成為自己心目中理想的情人。

在成長過程中，你會發現「真實的我」和「理想的我」往往有距離，因為「理想的我」多較「真實的我」完美。如果你成長的社會氛圍，讓你追求完美——完美的父母、卓越的成就；那麼，你會發現自己「真實的我」和「理想的我」的距離往往很大。有些人被這種不切實際的距離拉扯，覺得自己的人生不完滿，始終不能達到「理想的我」，遂轉而將「理想的我」的素質投射在配偶、愛侶身上，期望自己的人生可獲得圓滿。

Phoebe 自小學業平平，特別仰慕學歷高的人。與 Matthew 相戀時，Matthew 剛開始攻讀博士研究生。Phoebe 一直以男朋友為榮，誰知三年過去，Matthew 的研究未有明顯成果，卻因研究經費中斷，積蓄亦所餘無幾，只得暫停研究，找一份全職工作。Matthew 找到一份穩定的工作，生活漸趨安穩，繼而考慮結婚。相反，Phoebe卻悶悶不樂，不時催促Matthew想辦法重投研究，完成博士課程。直到Matthew坦承自己無心向學，只想建立家庭，Phoebe才猛然發現，自己對博士頭銜的熱切程度，比Matthew更甚。Matthew打破了Phoebe的期望，Phoebe對Matthew從仰慕、寄望，一百八十度地轉變為輕視和失望。

Daniel的母親美麗、獨立、能幹，故此Daniel選女朋友時，也選了具有這些特質的Evangeline。Daniel的母親在家中一向作主，父親雖亦身居要職，然個性柔弱懼內，Daniel一方面欣賞母親的能幹精明，另一方面既痛恨又同情父親的退縮怯懦。所以，Daniel構想自己未來理想的家，是擁有一位能幹如母親的妻子，又對自己溫柔體貼，千依百順。

交往日久，Evangeline發現Daniel本性善良，對人對事客觀平和，但每次她提出意見，Daniel反應特別強烈，時加貶抑，令Evangeline大惑不解。

Daniel面對的問題是：他十分欣賞Evangeline的一切，然她並非自己所期望的千依百順、小鳥依人；相反，她是十分獨立有主見的女子。Daniel如何接受現實與自己理想的距離呢？

尊重他／她，就是不將你的願望、索求強加於對方身上，要求對方為你成全，圓你的理想。

絕招四 靈活適應你的情人

世上沒有兩個人的思想、行為、愛惡和表達方法是完全一樣的，故此戀人相知相處，要以一種開放的態度互相認識，去改變調節，才能減少磨擦，和諧相處。

愛他／她，絕非企圖改變他／她以迎合自己，而是雙方均願意改變自己的態度、行為，靈活地互相適應，包括接納對方。

Kenneth 和 Janice 相戀兩年，志趣相投，理想目標相近，早已互相認定為終生伴侶，可是二人之間有一死穴：Kenneth 做事總慢吞吞，遇上 Janice 這心急的女生，日常生活中時生磨擦，雖也曾討論過這問題，可是情況依然。究其原因，Janice 是硬性子，認為「我大小姐從來都是這麼有效率的，趕不上的別想追求我」；Kenneth 不甘示弱，他不認為自己慢，認定「快慢是相對的，為何一定要我遷就她，以她為標準？」這種不肯改變的態度帶來日常生活的大小爭執，足以破壞戀人的感情。

Bernice 自幼成長於中產家庭，從來毋須為生活前途憂慮，為人浪漫。Louis 則是貧寒家庭中的老大，長期在經濟拮据的情況中掙扎，經過與家人多年努力，經濟才稍獲改善。Bernice 欣賞 Louis 的毅力、意志和才幹，但總是受不了他毫不浪漫、事事講求實際的習慣。雖然 Louis 負擔得起，但他從不肯給 Bernice 送鮮花，因為他覺得百多二百塊錢買一束鮮花，三天不到便枯死了，實在太浪費。他寧願花錢給 Bernice 送吃的、用的，都不願意送花。但 Louis 知道，Bernice 一直在努力適應他這種缺乏浪漫的性格和習慣。

Bernice 今年生日收到一份驚喜，Louis 送來一盆開得茂盛、齊腰高的玫瑰。兩株結實初放的貝多芬玫瑰種在盆裏送來，是 Louis 數月前買幼苗親手栽植的。這禮物既合 Louis 的經濟原則，又不易枯死，一番心意，讓 Bernice 異常感動。Bernice 想到 Louis 工作忙碌，家居狹窄，為栽植這盆玫瑰要額外花多少心思、時間，這令 Bernice 對浪漫有了新的體會。

在兩人主動的調節、互相適應中，戀人變得創意無限，也學懂了更欣賞對方。

絕招五 有恆心的溝通

不論是發展戀愛關係，抑或是日常生活相處中，都必須學習溝通。溝通是一個雙向的過程，雙方都要清楚表達自己，並持開放的態度聆聽並認識對方。

要尋求溝通，首先要認知三點：

第一，每個人對事的觀感、行事習慣、表達方式均相異，所以要透過溝通，增加彼此的了解；

第二，每一個人都是一個獨特的個體，對人處事，內心感受和外在行為均各有特色和差異；即使相戀，也不能假設對方能一下子清楚地了解你，總要增加了解；

第三，溝通是一個持續的過程，而非一次完成；正如你會受到環境、新知識、周遭事物、個人經驗、內心感受等轉變的影響，而改變你的價值觀和對人對事的感覺。

既然你會持續有轉變，那麼，你與戀人的互相認識、溝通，也必須是一個持續不斷的過程，斷不能以「某一次」、「某一段時間」，或「以前」的認識來理解對方。如果停止溝通，你們的認識很容易因「過期」（outdated）而變得不適用。

Kenny 自認識 Carol 後，覺得自己是世上最幸福的人。Carol 秀外慧中，優點數不完，Kenny 如獲至寶，加緊追求。誰知相戀大半年後，二人時生齟齬，Carol 覺得 Kenny 對她的愛意減退，完全不在乎她，而 Kenny 則大呼冤枉。

原來在關係密切後，Carol 常讓 Kenny 猜啞謎，令他無所適從。Carol 喜歡參加這次戶外活動嗎？她昨天為什麼生氣？她希望今年怎樣慶祝生日？日常相處，事無大小，Carol 一概不表態，讓 Kenny 絞盡腦汁去尋找答案。Carol 的理論是：「如果他關心我，就一定知道我的想法，要我自己說出來就太沒有意思了。」「如果他愛我，他一定會這樣做。」Carol 不切實際地期望着 Kenny 自然而然就知悉她內心的感覺、希冀和一切的想法，而停止了溝通；結果 Kenny 所做的使 Carol 大失所望，甚至誤認為男友不關心、不重視自己。

當然，戀人之間偶爾猜猜啞謎，可增添生活情趣，但如果沒有溝通，一味期望對方是你肚子裏的蛔蟲，不但不能增進彼此認識，對長期的相處毫無助益，反而帶來誤會重重，自己頻生失望，徒添苦惱。

Jenny 自中四開始和 Ian 相戀，畢業後一起踏進社會工作。工作三年後，Ian 向 Jenny 求婚，希望趁年輕養兒育女，享受家庭樂。Jenny 的拒絕給 Ian 帶來挫敗和不解，「以前你不是說希望與我生一子一女嗎？」「你不是說過在外頭工作競爭劇烈，壓力太大，寧可做全職的家庭主婦嗎？」Ian 以為 Jenny 另結新歡，不再愛自己，十分受傷害。

在輔導員的調解、引導和溝通下，Ian 才發現近一年 Jenny 在工作中找到自己的長處和興趣，很有滿足感，並有意在短期內進修，讓事業更上一層樓。她並非不想與 Ian 結婚，只是，她發現在發展事業和建立家庭的次序上，與 Ian 並不一致。過往 Ian 一廂情願的態度讓 Jenny 難以啟齒，只好走一步算一步，直至 Ian 求婚，Jenny 才有機會與勇氣坦誠道出自己的感受和新計劃，想不到給 Ian 迎頭一擊，因他完全沒有心理準備，當然難以接受。Jenny 和以往判若兩人，昨日的認識在今日已不適用。

在相戀的過程中，要不斷尋求溝通，才能增進感情。

絕招六❤看守你的情緒

戀愛打的是「肉搏戰」，兩人接觸的機會多，較全面接觸對方的生活，包括各種情緒狀態；有些情緒在一般社交場合是不會表現出來的，例如，極低落、極憤怒、極興奮的情緒等。遇上戀人積極的、上佳的情緒，當然皆大歡喜，風和日麗。只是，總有負面情緒上場的時候。成熟的戀愛態度，關鍵在於管理自己的情緒，兩人學習互相調節、開解和鼓勵。

Devin 自幼在家中被縱容，一向脾氣暴躁，稍不順意便以罵人和大力摔東西來發洩。自從步入社會做事後，他因要適應環境，只好努力壓抑脾氣。Edith 與 Devin 相戀了大半年，在一次爭執中，目睹 Devin 大發雷霆，非常震驚。那次，Devin 把 Edith 臭罵一頓，令她大受傷害；Devin 冷靜後，向女友鄭重道歉，好不容易把她留住。可是，不久 Devin 故態復萌，三天兩頭隨意發脾氣，説的話還愈來愈難聽。

Devin 曾對 Edith 説：「我把你當作最親近的人，才向你發脾氣。」「我在外頭強忍脾氣，難道回來還要戴上假面具做人嗎？」這種似是而非的道理，令 Edith 混亂了好一陣子，但最後她還是決定要分開，因為，Devin 似乎無意去控制、疏導或改善自己的脾氣，仍以舊方式發洩情緒，Edith 實在受不了。

學習控制自己的壞情緒，而非肆意把不滿、不如意發洩在戀人身上；他／她沒有義務作你的出氣筒。每個人都須為自己的情緒負責任。假如你偶爾發脾氣，亦須小心控制自己的舌頭，絕不能因戀人是親近的人，便胡言亂語，辱罵對方，造成傷害。話一出口便收不回來，尤其是人身攻擊的話，實在愚不可及。

Doris 自從年初公司裁員時失業後，心情一直沒有好轉過。她嘗試強自振作，不斷面試求職，又屢次調低自己的期望，還是未能找到合適的工作。Edward 與 Doris 相戀三年，從未見過她如此低落，他想盡辦法遷就她、逗她開心，但成效不大。有時 Edward 準備好週末豐富的活動，打算與 Doris 一起去散散心，Doris 卻消沉乏勁，甚至不肯出門，弄得 Edward 意興闌珊，覺得吃力不討好。Doris 內心亦時有歉疚，只是浮沉在低潮中，連欣賞感謝的話都懶得說。

Edward 的工作表現得公司賞識，心中十分高興，但眼見 Doris 的消沉，不知如何與她分享這份快樂，二人中間好像隔了一道牆，難以暢所欲言。

一對戀人未必有相同的際遇、人生經歷和情緒，故此不一定常常能憂喜與共。如何感同身受，無論成敗都一起分享，才是必須學習的功課。假如一對戀人其中一位經歷打擊、挫折，另一位則平穩甚或成功，兩人能否坦誠溝通，把真正的感受與對方分享，並表達個人需要？遭受打擊、挫敗，當然需要同情、鼓勵和支持；經歷成功，其實也渴望愛侶能欣賞、分享和認同。假如一人低落，一人高昂，則兩人均須學習敏感地探知對方的情緒和需要，切勿過分自我中心，一面倒地要求對方體諒你的低沉，或者強求對方打起精神分享你的快樂。當然，假若你是情緒穩健的一方，就應多用心力，發揮積極的思想和「陽光的氣息」，去鼓舞和感染愛侶。一對戀人在經歷兩種截然不同的情緒時，就要學習如何表達自己，讓對方知所進退，如何互相遷就扶持，學習考慮對方的需要，管理調整自己的情緒。

假如你是個性敏感，或情緒經常浮動，在戀愛時，你更需要將感受經常與愛侶溝通，讓對方了解你情緒的轉向。由於愛侶是最關心你、最親近你的人，亦最受你情緒轉動所影響，你的陰晴不定，往往為他／她帶來疑惑、憂慮和壓力。縱使他／她願意不斷調整自己去遷就、適應你，這對他／她也不公平，使關係造成緊張。所以，你認真管理情緒，在低沉時自我開解、振作；在激動時冷靜、三思而後動，對雙方都有利。

絕招七 珍惜當下

隨着相處日久，你們容易把對方的優點和長處視作理所當然；「他接我下班是應該的，男朋友嘛！」「我遲一點赴約，她不會生氣的，都拍拖這麼久了。」更有甚者，將對方視為「囊中物」，不再珍惜，亦不肯繼續付出時間、精神和心思，未結婚已粗聲粗氣，頤指氣使，視對方為「老夫老妻」，界限、隱私、禮貌和欣賞都蕩然無存。這樣的態度不單損害已建立的情誼，對愛侶亦甚不公平。

Becky 明白 Samuel 對她是一心一意，但她實在難以忍受 Samuel 人前人後稱她為「二奶」（「大婆」是他的跑車），又常擅作主張，逕自為她安排週末活動，令她大失預算；更有甚者，Samuel 代 Becky 答應在朋友的生日會上大顯身手，表演廚藝，害 Becky 整個週末忙得團團轉，星期日晚躺在牀上，累得幾乎虛脱。當 Becky 發現 Samuel 購買了一模一樣的手錶，分贈 Becky 和他的祕書作聖誕禮物，她心裏十分難受，她並不在乎禮物，她重視的是一份心意。Becky 提出抗議，Samuel 均草草敷衍，或自說自話解脱了事。Samuel 認為「二奶」是對 Becky 的暱稱，為她安排節目是給她驚喜，讓 Becky 表演廚藝是讓她能輕易打入他的朋友圈子，至於聖誕禮物，唉，太忙了，哪來時間逐份細選，還叫她把手鍊當作腳鍊戴，這不就有分別了？

Becky 並非心胸狹窄，因一、兩宗小事而介懷，令她憂慮的是 Samuel 變本加厲，對她掉以輕心。在戀愛時期尚且如此，婚後會否更加輕忽？ Becky 的憂慮令她重新考慮與 Samuel 的關係和未來。

視情人為理所當然，失去後才追悔已晚。今天就要珍惜你的愛侶，欣賞他的好，不時在腦海裏重溫與她邂逅時觸電的感覺，經常用嶄新的角度認識愛侶，刷新他在你心裏的美好印象，為他的長處和優點，以及為你做的一切表達感謝和欣賞，對方一定也會像你珍愛他 / 她一樣地珍惜你。

愛情，是纖細、柔弱的，要珍愛、保護、栽培，使她免受傷害，才能慢慢茁壯、開花結果。

戀愛功課

* 人先自愛，才有愛別人和接受愛的能力
* 盡心關懷愛護對方
* 了解、接納對方，但別忘記適時的提醒和忍耐
* 和諧相處不是要改變對方，乃是要適應對方並調校自己
* 耐心地，持續不斷地溝通
* 管理自己的情緒，也要在對方低沉時學習開解和鼓勵
* 珍惜對方為自己付上的心力和時間

愛的詩篇——眨着眼的繁星

眨着眼的繁星
繁星
手牽手
凝睇
河畔
他和她
甜蜜靠近
急躁揚聲
苦澀猜忌
歉疚懺悔

繁星　　繁星
手牽手
睥睨着
河畔
他和她
如鷹展飛而過
倏忽的
　　哀樂一生

到底可以有多親密？

戀愛，婚姻，是最親密的人際關係。

原來與戀人的親密關係，與親子關係的發展有着莫大的關聯。

親密關係的根源與發展

約翰．褒比（John Bowlby）被譽為二十世紀一位重要的心理學及精神病學家，根據他的「依戀理論」(Attachment theory，或譯依附理論)，在我們人生的初階，就是幼兒時，我們與某一個或幾個人發展一種相互依戀的關係。依戀的對象是幼兒覺得最可靠、最可信賴的人（通常是固定的照顧者），這個人能經常適時地回應幼兒的需要，幼兒尋索的時候，他總是在附近，而且很快靠近。幼兒特別喜愛看見和偎近依戀的對象，讓他抱着，接觸他的皮膚、氣味，幼兒覺得很舒適、放鬆、安全和暢快。幼兒感到疲倦、身體不適或受到傷害時，這種依戀會特別殷切。

幼兒在出生六個月之後已開始「認生」，不太想讓陌生人抱或靠近，會用哭聲或身體的扭動來表示抗議。

安全地帶

依戀的對象給幼兒提供一個「安全地帶」(secure base)，這個「安全地帶」起初的範圍只局限於幼兒依戀對象（通常是母親）的視線範圍以內的。根據心理學家安德遜（Anderson）的研究觀察，幼兒可以離開母親獨自跑出去玩耍，不過隨時轉頭都要看得到母親，就會仍然感到安全；一旦走得太遠，如看不見母親的位置，幼兒就會自覺地往回跑，重新進入「安全地帶」。

隨着年齡和經驗的增長，這「安全地帶」轉化、擴闊為心理上的。在「安全地帶」內，幼兒能發掘自己感到有趣新鮮的事物，好奇地嘗試運用方法去認識自己和世界(例如，用手觸摸一隻螞蟻、赤腳踩地面的沙)。在這些探險的新歷程中，幼兒仍會覺得十分安全，因為任何時候對遇見的新事物感到疑惑，依戀的對象都會適當地給予提示(例如，父母允許幼兒用手觸摸螞蟻，但不會鼓勵他們去摸一條蛇)，幼兒可以快樂地冒險。

假如幼兒感到不安全，或受到驚嚇（例如，正在逗弄一隻螞蟻，卻突然跑來一隻蟑螂），他可以轉頭找尋依戀的對象，立刻跑回依戀者的身邊接受撫慰。幼兒一次又一次

「試驗」這安全地帶，確定自身的安全，每一次的確認，都使幼兒與依戀對象更親近一點。

誰可相依？

這種依戀是人類共通的、天生的需要。人在年幼依戀父母（或固定的照顧者）的經驗中曉得，有一天會失去依戀的對象（例如，父母離家上班、離異或死亡），或者從依戀對象得到的愛會被分薄（例如，弟妹出生），人要練就離開依戀對象的能力，並學習發展新的依戀關係。

到了成年，我們在戀愛、婚姻的關係中，重尋這種依戀關係的延續，滿足依戀的需要。

當你與某人互相吸引，情意相通，開始發展關係。你覺得自己的愛侶擁有最美麗的面孔、最甜美的笑容，百看不厭；你常常想見到他／她、靠近他／她，依偎在他／她身旁；接觸他／她的肌膚、氣味、頭髮，讓你感到安全而舒適。隨着互相認識、彼此欣賞和吸引而自然靠近，這可以滿足依戀的需要。

成年人與幼兒一樣，在疲倦、困乏、不安、生病、情緒低落的時刻，特別渴想與戀人（依戀的對象）靠近。假如你與戀人被迫分開一段時間（例如到外地公幹），重逢時依戀之情更甚，這大概就是中國人所說「小別勝新婚」的道理吧。

一旦開展了互相依戀的關係，你期望戀人能經常、穩定地支持你，回應你的需要。若經驗證實他／她確能夠和願意這樣做，你會更依賴他／她，你們之間的信任一再獲得確立，依戀關係經過這些特別時刻和考驗，會逐漸鞏固。

戀人在依戀關係裏，互相為對方提供「安全地帶」。成年人安全地帶的範圍和確立是心理上的。當知道戀人對你的欣賞、愛護，你會覺得背後有一股厚實的支持力量，讓你安心地去發展，無後顧之憂，發揮你的才華。在外奮鬥稍有成績，你會迫不及待地捧回來與戀人分享。你不需要擔心他／她取笑你、小覷你或妒忌你，因為，無論你的成功在世人眼中是多麼微不足道，你的嘗試看起來有多傻，或壓根兒得不到別人的認同，但他／她了解你、欣賞你，他／她懂得與你同感，用你的心、你的角度去讚賞你的成功，一同為你的進步或成就而興奮、驕傲。有人分享成功的喜悅，與你一同歡樂或歷奇，是何等美麗的事。

無論面對任何的危險、困難、挫折、壓力、驚嚇、痛苦，第一反應必定渴望立刻回到戀人身邊，把事情和感受告知，接受他／她的撫慰。你知道他／她必定與你同感，不會因為你失敗、受挫而恥笑、責備你，不會因為你感到恐懼而瞧不起你，不會趁你面對困難、痛苦而打擊你或避開你。你的戀人必定張開他／她的雙臂環抱你，保護你，支持你。

現代社會的人際關係愈來愈疏離、冷漠和工具性（instrumental），戀人之間這種親暱的、包容的「安全地帶」，顯得格外寶貴和重要。

不安的依戀

可是，在現實生活裏，並非所有人都有機會經驗上述「安全的依戀」（secure attachment）。

不幸地，有些人幼年時沒有固定的照顧者和依戀對象（例如，被遺棄，或因生活受人安排，像人球似地被拋來拋去）。有些孩子生不逢時，令父母措手不及，甚至不受父母的歡迎（例如，父母在經濟困厄中、感情破裂中，或父母未婚、未準備好、不願意為人父母）。有些孩子的父母本身未能成為孩子的依戀對象，亦不能穩定地照顧孩子，為孩子提供「安全地帶」(例如，父母因病、因工作，經常長期離開孩子，把孩子交託給不同的照顧者；或父母有嚴重的情緒以及精神困擾、使用暴力等)。有些孩子雖有固定的依戀對象，但照顧者過分嚴厲，或者冷漠、疏忽，又或基本上缺乏能力和興趣去維持長期而穩定的關係。

上述孩子與所有人一樣都有依戀的需要，可是，他們經過一次又一次的挫折、失望、被遺棄和被拒絕，自覺是一個沒有價值、不被愛的人；其中比較幸運的，或者仍能抓住某些人作依戀的對象，但因依戀的關係不穩固，「安全地帶」有時並不安全，孩子發展出一種「不安的依戀」(insecure attachment)。

「安全的依戀」是有自信、自愛和有安全感的。而「不安的依戀」則充滿恐懼、焦慮和防禦性。經驗安全依戀的孩子，愛玩耍、歡笑，願意探索新事物，喜歡與人交往。相反，經驗「不安的依戀」的孩子，要不就是過分強烈地依附在依戀對象的身邊，死抓住不放，用盡各種方法(如哭鬧、尖叫)，試圖控制依戀的對象，一步也不肯離開，因為他經驗過突然失去依戀的對象；要不就是對依戀對象變得多疑、憤怒、退縮、戒備，因為孩子不肯定依戀的對象什麼時候會突然發脾氣、離開、說謊，或施加暴力。

很不幸地，經驗「不安的依戀」的孩子，成長之後，需要額外的努力，或者透過心理輔導，或者透過徹底的、適當的自我反省、自我治療，才能把不安、缺乏自信、多疑、憤怒、退縮、戒備、控制等心理狀態，從人際關係中剔除，從而與他人發展自信、輕鬆、友善、安全的關係。

你和戀人是怎樣的依戀？

故此，在理解與戀人的親密關係時，你需要自省，並觀察與對方發展的依戀關係是否健康而安全？抑或你們是否過分依附對方，不能忍受任何分離？或過分依附、控制對方，不容對方有任何隱私，不讓對方保有個人的空間和時間？或多疑、戒備，常恐懼被對方拋棄？或易妒、控制，不許對方注意、欣賞、稱讚別的異性？或用各種方法試探、恐嚇（例如，若即若離、玩「失蹤」、玩「分手」），不斷要獲得對方言語、行動，甚或物質的保證，以確保戀人不會離開你？

不安的依戀關係是脆弱的，易引起反感、易被拒絕，令人窒息，甚至，是有傷害性和危險的。對於建立一份長期的戀情，不安的依戀有害而無益，輕則帶來心靈的傷害，再一次經驗離棄；嚴重極端的後果，甚至可能帶來暴力和毀滅。

十全十美的親密關係

既然戀愛使兩人的關係漸趨密切，你倆的生命便在各方面環環相扣。以下十個培養親密關係的方向，盼望你倆的親密關係是健康和全面的。

1 *情感的親密*
emotional intimacy

情感的親密是一對男女關係的基礎；深度分享分擔內心的感覺、情緒，使對方對自己一瞬間的感情起伏有清晰的了解，以致漸漸發展感同身受的反應或能力，如此一來，進入對方的內心世界，與他／她「通電」，便成為自然而然的事。

溝通感覺、情緒的基本條件是個人有相當的自覺，又能清晰並用對方易接收的方法表達，這說來輕易，實踐頗困難。

培養情感的親密，請回答下列問題：

- 說什麼話最易令他／她發怒？

- 他／她感到受傷害時，最常見的反應是什麼？
- 你們上次爭辯時（不論誰勝誰敗），他／她有什麼感覺？
- 你能靠觀察他／她的身體語言（眼神、樣子、走路的姿勢……）判斷他今日的情緒嗎？

情感的親密往往帶來戀愛中最深刻的經驗。你與他／她一同抱頭痛哭的那個晚上，他／她陪伴你緊張兮兮地等考試成績單的一小時，他／她告訴你獲得升職，你倆興奮得在大熱天走了幾小時都不疲倦。當你們能感同身受，情感的親密令你倆感到互通；那些日子，那種種經驗，好像攝錄下來的片段，永不磨滅，日子久了，你仍能將之「逐格重播」，頂多只是顏色變淡，但你倆當時的同心同感，仍會新鮮地長留記憶中。

2 知性的親密

intellectual intimacy

男女雙方能經常敞開自己的思想世界，讓對方發掘認識，便能建立知性的親密，這親密的關係不但能令你更具體地了解對方的思想方法（怎樣想）、對人對事的觀念（認為怎樣），亦是一種豐富雙方思想角度、觀點和層次的方法。另一方面，我們每天都可能遇見新事物、新人物或有新的想法，使我們對人對事的觀念從舊有的一點延伸出去，而這種思想延伸的經驗也需要不斷交流，以刷新彼此的認識。

假如你們的教育水準有較遠的距離，在培養知性的親密方面，更要加把勁，多下功夫，才有成果。

培育知性的親密，可回答下列問題：

· 他／她認為男女應該平等嗎？
· 他／她對於婚姻有什麼觀點？
· 他／她認為一個人最可貴的素質是什麼？
· 他／她對一些重要、切身問題有什麼意見？例如，移民、長遠計劃、生活方式等。
· 他／她有什麼「口頭禪」、「座右銘」或生活哲學嗎？
· 他／她對於金錢、家庭有什麼觀點？

知性的親密需要雙方經常溝通，付上額外的努力，才能達臻。這種親密表面上跟日常生活、情緒沒什麼關係，所以常被戀人忽略。其實，知性的親密令你倆的相知加深，交往豐富、有趣，且有助你們一同作決定，解決問題。

發展知性的親密受三方面的因素影響：學歷、努力和智力。先談智力，通常智力相近的人會互相吸引，容易成為戀人；智力相近，容易發展知性的親密。但若你倆智力有距離，則須互相遷就。假如你智力較優勝，須扶助、鼓勵對方，或在表達、溝通方面多下功夫，幫助對方明白你，不應輕易放棄或輕視對方，為對方定型（例如，有男士將妻子定型為「煮飯婆」，認為與妻子溝通是「對牛彈琴」）。學歷相近，讓雙方有共同語言及相近的教育基礎作知性的溝通；但知性的親密不等於「知識」的親密，你倆的學養、知識若在不同的範疇，則須接受對方不一定能掌握你感興趣和熟知的知識。例如，一位數學家的愛侶不一定能通曉數學，但最好能接受、明白和欣賞愛侶對數學的興趣和執著。

要達到知性的親密，兩人要多用腦筋、時間和耐性。少一分努力，少一分收穫。努力能填補學歷和智力的差距；相反，就算智力和學歷如何接近，若不努力，不肯付出，亦難以達到知性的親密。努力也包括韌力，不少愛侶在戀愛初期十分努力，熟識後卻曠日弛久，疏忽了持續的溝通，耐性減退，知性的親密亦隨之淡漠。

3 美感的親密
aesthetic intimacy

沐浴在愛河的戀人不難對「美」特別敏銳，一束花、一朵雲都能化成甜言蜜語。假如在戀愛期間不刻意栽培兩人對美的喜好及默契，分享彼此的觀感和經驗，就很容易在日後的生活裏失落美感這項素質。許多夫妻覺得生活平淡乏味，未嘗與缺乏栽培美感的親密無關。

戀愛時，可以自由分享對美的觀察——「唏，我今早上班時經過花圃，看見露水凝在小黃花上，覺得很漂亮。」兩人爭取共享大自然的美——下班後可先去海邊看夕陽，再去找餐廳晚膳。在生活中發掘可以共享的美好小事物——一起去為對方選一盆小盆栽點綴辦公桌；遇上雨夜，一起乘電車看雨；這不但能令雙方共同培養美感的親密，亦在平凡的生活中增添樂趣。此外，如果能一同學習欣賞藝術或發展共同的嗜好，例如攝影、聽音樂、看電影、畫展，或者討論一本小說，都極可貴。

試培育美感的親密，可以嘗試：

· 你對於他／她衣着的顏色選擇和配搭欣賞嗎？可以一同研究嗎？

- 你個人在美感的培養方面（音樂、繪畫、文學的欣賞和大自然的探索）可以與他／她分享嗎？
- 你們可能對不同的「美」感興趣，你們如何交流、互相豐富呢？
- 你們可有發掘過平凡裏的美感？例如，在香港哪一個地方看日落最美？

4 創作的親密
creative intimacy

創作的親密通常跟美感的親密扯上關係，只是，前者強調創作過程中發展出分享、共同參與的親密關係，而後者則指有了成果之後的分享。

如果你是凡事都「跟老規矩做」的人，你可能會失去與對方共同創作以致更親密的機會。事實上，事無大小都需要一點選擇、一些創新：你們一同研究如何移動家具以使客廳較寬闊；你們未必喜歡將牛扒剪成心形來煎，但總也有新的烹調方法合你們心意；透過這些大大小小的創作，都能令你倆更加親密，且有許多與別不同的獨特經驗。

關於創作的親密，可以嘗試：

- 你倆是否有些暗號或暱稱，能令你們立刻產生美麗的回憶或鼓勵？
- 你今年為他／她慶祝生日時，有什麼新鮮的方法？
- 你們工作太沉悶，約會的節目安排可以有什麼創新？
- 你們可以一同設計烹製一頓有十種顏色，又包括動物、植物和海鮮的晚餐嗎？

5 娛樂的親密
recreational intimacy

娛樂有靜態的、動態的；有觀賞性的（如看展覽、欣賞一齣話劇、看電影），亦有參與性的（如唱卡拉OK、游泳、打球、做小手工，或到實驗農場種菜）。有些情侶沒有培養相同的興趣，不能享受在工餘一起輕鬆玩樂的樂趣，約會因此很沉悶，只好不時在食肆或人羣中流連，或聯袂去辦些必要的事，例如購物等，這樣實在難以放鬆緊張的精神，也無法在歡樂嬉戲中建立親密的關係。

建立娛樂生活的親密，除了要培養共同的興趣、一同參加活動之外，也要在娛樂的花費上取得協議，才可和諧地共享舒展身心的遊樂。

要豐富娛樂的親密，請想一想：

- 除了飲食、看電影和購物，你們的約會還有什麼節目？
- 你們有什麼靜態的娛樂可以共享的？
- 你們有什麼動態的娛樂可以一起參與的？
- 你們曾為娛樂的花費持不同意見嗎？如何解決？

6 工作的親密
work intimacy

婚後，夫婦經常要共同處理一大堆事務或作實務的決定，例如一起處理家庭瑣事、維修房子、教育照顧子女、購物等；因此，婚前學習分工合作，體驗一起工作的困難和可能出現的齟齬，及適應對方的工作習慣，都有助於互相了解，並能分擔工作，共享工作的樂趣，一起承擔責任及分享成果。因此，一起做義工，在教會負責事奉工作，或一起選購禮物給共同的朋友，都可促進兩人在工作中的親密關係。

想栽培工作的親密，請想一想：

- 你曾經見到他／她躲懶、不想工作的樣子嗎？
- 你見過他／她工作時或作決定時的態度或習慣嗎？主觀還是隨和？急躁還是慢吞吞？

- 你見過他／她在工作中遇到困難的反應嗎？退縮放棄？緊張忙亂？沮喪灰心？力圖改變？冷靜自信？
- 你們都很疲倦，但仍要分擔工作，怎麼解決？

7 危機中建立的親密
crisis intimacy

在生活中往往有些突發的、引起我們恐慌或傷心的困難、挫折出現，在危機或特殊的境況中學習一同背負，可建立深厚的親密關係。例如，在對方找尋工作的待業期間關心支持，對方失去親人朋友時的安慰，在學業或事業上失敗時加以援手和鼓勵，所謂「患難見真情」，就是在危機中實際的陪伴、共同作決策、一起分擔感情上的重壓，這種共同面對危機的經驗，沒有任何其他經驗可比擬，因此產生的抗衡逆境、並肩作戰的親密，也是非常可貴和獨特的。

危機的親密包括了什麼？

- 他／她灰心喪志、一反常態時，你能支持和接納他／她嗎？還是你覺得煩惱，甚至比他／她更無助？
- 他／她受到批評傷害時（無論有沒有表達出來），你了解他／她的感受，並適時給予安慰嗎？

· 他／她在你面前一直是「從未遇過困難」的「不倒翁」嗎？
· 你遇見挫折時怎樣向他／她表達？你願意讓他／她與你分憂嗎？

8 靈性的親密
spiritual intimacy

人之所以稱為萬物之靈，是因為我們除了肉體的感官世界外，亦有靈性的世界；每一個人都有自己的「信仰」，「信仰」指一個人對人生意義的觀感（覺得人生的意義純為追求享樂或是應該服務社羣等），對來生的歸宿，對所生活的世界及人際關係的看法，以及對一切人、事和行為的價值取向。倘若兩個人能真誠、深入地溝通自己的信仰，並與對方有相同的取向和角度，靈性的親密便得以建立。

靈性的親密可以透過以下問題去思考：
· 你們曾溝通過自己的人生目標，或未來二十年對自己的期望嗎？
· 你們曾表達過在自己心中，誰人、什麼事是佔首位，是對自己最重要而不能放棄的？

- 你們曾經討論對自己思想、行為有重大影響的宗教或信念嗎？
- 當你們對一件事有不同觀點和取捨時，你們曾否深究那是因習慣、感受、性格的不同，還是基本上價值觀的分歧呢？

9 委身的親密
commitment intimacy

把自己持久、永恆地委託予對方，從而發展一種相屬的關係，這種委身的態度和決定，會把雙方的親密關係再推近一步。如此說來，委身的親密是一對戀人決定以後要共同生活之後，才開始建立的親密關係。

在這種關係中，不應該再有退縮的考慮或隨時分手的心態，而是穩定和安全的肯定。

在你們發展委身的親密之前，有想過以下的問題嗎？
- 你有想過與他／她共度一生嗎？你的感覺怎樣？美好的？充滿憧憬的？還是猶豫、頗有憂慮的？
- 將來，別人想起你、提及你的時候，往往會包含他／她在內，你的感覺怎樣？

· 婚後，無論生活、感情、身體各方面，你與他／她有最親密的連結和互相委託，對此你是否期待？覺得自如嗎？還是有所保留？
· 你願意你的孩子有他／她這樣的父親／母親嗎？

10 身體的親密
physical intimacy

身體的親密，是發展依戀關係的最原始途徑，因而亦帶來最原始、最直接的快樂。身體的親密，涵括了所有的身體活動以至性活動。故此，如何小心處理身體親密的發展，是戀人的重要課題和考驗。假如發展得合宜，有助於上述九種親密關係的發展；若身體的親密關係失控，可能為你們帶來傷害。

一對男女從初相識的禮貌握手，到墮入愛河後二人手牽手、搭肩、輕輕的擁抱接吻、互相依偎，或溫柔地為對方擦汗、撥順吹亂的髮絲，這些親暱的身體接觸，是有力的愛意表達。

但婚前身體的親密應如何畫下界線，既能表達愛意，又保持尊嚴和貞潔呢？這是一道難題，亦是一個考驗原則和自制能力的課題。

男女相戀關係中，本來就存在着感情的、激盪的非理性部分。身體的接觸，哪怕只是一個輕吻，若環境、情緒相配合，也可以是觸動對方性慾的前奏。不少年輕男女相戀，在身體接觸的時候，發現自己的性慾突然被挑動，驚慌失措。這種觸動常是沒有「預謀」的，突如其來的。需知道，無論男女，都同樣有性的衝動和需要；我們要了解男女性衝動浮現的速度，和刺激性衝動的因素之別，以致與愛侶相處時，懂得更敏感地處理身體的親密接觸。因此，熱熾的擁抱、長長的親吻、裸露身體、愛撫、觸摸對方的性器官（乳房、下體）、撩動對方性慾的話語和撫觸，在婚前都應避免，因為任何這些觸動對方性慾的前戲（foreplay），都是有意引向性交的刺激和邀請。

在婚前的身體親密，一方面能表達親近、愛意，另一方面，更要保持尊嚴和貞潔，須持尊重對方的態度，勿以滿足自己的情慾為目的。更重要的是，敏感於自己和對方的感受，一旦覺得氣氛和雙方的反應均是引向更強烈的性衝動時，就應該立即停止，甚至「逃離現場」。

有些熱戀中的男女，忽視了身體親密的界線，縱容自己「一時衝動」，一次又一次加速和加強了身體的親密。他們以「感覺良好」為理由，甚至互相安慰、承諾，以為無論如何親密，都可以不越雷池半步。可惜，很矛盾地，他們容許的身體親密，把他們一步步推向撩動對方的性衝動，直至被排山倒海而來的性慾所掩埋時，終於賠上了尊嚴和貞潔。事後或悔恨，或惶恐，或一同將之合理化為愛的表達，但他們心底裏始終藏着遺憾，因為他們明白，這次性行為是無知和放縱情慾的後果。

保持貞潔，是你對自己、對你的婚姻，和對那位你將要委託一生的伴侶的尊重。男性期望自己的妻子是貞潔的，能控制自己的情慾，懂得尊重和保護自己的身體；同樣，女性對丈夫也有此要求。

有人以為，現代愛情是膚淺的，戀人只需要肉體的滿足和情感的落腳點。其實，你們絕對需要，也能享受上述十方面的親密；只是，某些情侶身體親密進展得太快，混亂了他們的感受，阻礙了其他方面親密的發展。

上述十方面的親密關係，為你們的愛情建立一個健康、全面又穩固的基礎。如果這十方面的親密發展，在你們的戀愛中一同起步競跑，身體的親密和情感的親密大概會是贏家，因為這兩方面的親密是最容易達到的，又最快獲得回報和滿足感。

有些愛侶發現未能與對方在情感、知性或委身的親密中進展，欲以身體的親密、娛樂的親密來取代，最後，他們的愛情發展會是畸型、不健全的。就像一個孩子嚴重偏食，不吃蔬果，獨愛吃肉；他拚命多吃肉，以期替代缺乏的蔬果；結果他的發育不正常、體弱多病。

身體的親密最易進展，亦最快獲得滿足，但若容讓情慾的滿足霸佔你倆的關係，成為戀愛生活中的主調，你們的愛情會萎縮，僅餘空虛和遺憾。

請記住，這十方面的親密關係，在你們的愛情裏起着不同的功用，不能輕此重彼，亦斷不能彼此取代。親密的關係若得到健康、平衡的發展，愛情將是美麗而圓滿的。

戀愛滋味

* 分享分擔彼此的感覺、情緒，造就情感的親密
* 分享彼此思想的世界，才有知性的親密
* 栽培大家對美的喜好和默契，發揮美感的親密
* 共同創作有趣的經驗，也是創作的親密
* 培養共同興趣，就是娛樂的親密
* 切勿嫌棄一起處理家庭瑣事、日常雜務，這也是工作的親密
* 一起經歷過人生的艱難和起跌，危機中建立親密
* 深入溝通信仰，與對方有相同的取向和角度，豐富靈性的親密
* 堅持持久地向對方委身，成就委身的親密
* 身體的親密發展得合宜，有助於上述九種親密關係的發展

愛的詩篇 —— 舞吧

舞吧　　舞吧
隨着
愛情
這迴旋曲
一個又一個的樂章
旋轉於
人生的彎角

蝴蝶　　就是那羣音符啊
在五線譜上　怯怯扇動
靦腆地
把愛情的深邃
無非　是
浪漫快樂平和同感
錯落理解犧牲激動

急不及待

舞起　　翩翩

舞吧　　舞吧
隨着
愛情
這迴旋曲
一個又一個的樂章
旋轉於
人生的彎角

十六型人格延伸閱讀

1. 艾咪著，吳怡蒨繪：《戀人之書：16 型人格愛情密碼》，台北：心靈工坊，2013。
2. (美) 巴倫著，晉春霞譯：《測測你的另一半》，北京：中華工商聯合出版社，2013。
3. (美) 亞歷山大 · 阿維拉著，史蘭亭譯：《天生情人 16 種》，遼寧：遼寧教育出版社，2003。
4. 王凱琳著：《30 分鐘破解性格密碼：超越 MBTI® 的萬用識人術》，台中：白象文化，2012。

MBTI® 網上問卷：

香港：

* 性格分析
http://o3o.cc/taxonomy/term/16

台灣：

* 性格典型自我診斷問卷
http://kwconsultant.com/online_assessment/directions.php?testID=1

- 出自《30 分鐘破解性格密碼：超越 MBTI® 的萬用識人術》作者王凱琳的個人網站
- 免費，42 題，須提交姓名、性別、電郵地址

中國內地：

＊ 戀愛類型測試情人版

http://types.yuzeli.com/survey/mbti28love

- 測試來自《天生情人 16 種》，免費，28 題

＊ 戀愛類型測試單身版

http://types.yuzeli.com/survey/mbti28lone

- 測試改編自《天生情人 16 種》，免費，28 題

＊ 包含戀愛題目簡測版

http://www.apesk.com/mbti/dati.asp

- 2014 APESK（才儲）Inc.

評估服務：

＊ MBTI® 性格類型測試評估服務
（明愛全人發展培訓中心）

http://www.heat.org.hk/heat_mbti.html

參考書目

金耀基著：《中國社會與文化》（修訂版），香港：牛津大學出版社，2013。

區祥江著：《婚姻左右三》，香港：突破出版社，2002。

溫淑芳著：《愛情組曲》，香港：突破出版社，1996。

溫淑芳著：《戀愛變奏》，香港：突破出版社，1996。

溫淑芳、余德淳、歐陽素華、陳婉詩著：《與新移民同行》，香港：香港理工大學應用社會科學學系，1998。

楊中芳、高尚仁主編著：《中國人．中國心》，台北：遠流出版社，1991。

楊國樞著：〈中國人與自然、他人、自我的關係〉，見文崇一、蕭新煌主編著：《中國人：觀念與行為》，台北：巨流圖書公司，2010。

Asen, E., *Family Therapy for Everyone: How to get the best out of living together*. London: BBC Books, 1995.

Borrowdale, A., *Reconstructing Family Values*. London: SPCK, 1994.

Cornes, A., *Divorce & Remarriage: Biblical principles and pastoral practice*. London: Hodder & Stoughton, 1993.

Goldsmith, M. & Wharton, M., *Knowing Me, Knowing You: Exploring personality type & temperament*. London: SPCK, 1993.

Gottman, J., *Why Marriages Succeed or Fail : And how you can make yours last*. London: Bloomsbury, 1997.

Hedges, P., *Understanding Your Personality: With Myers-Briggs and more*. London: Sheldon Press, 1993.

Holmes, J., *John Bowlby & Attachment Theory*. London: Routledge, 1993.

Marshall, T., *Right Relationships: A biblical foundation for making and mending relationships*. Chichester: Sovereign World, 1989.

Quillian, S., *The Relate Guide to Staying Together: From crisis to deeper commitment*. London: Vermilion, 1995.

Skynner, J. & Cleese, J., *Families and How to Survive Them*. London: Mandarin, 1989.

致謝

感謝神，讓我有機會陪伴這麼多不同年齡、

背景的人，走一段人生路；

感謝突破出版社的同工；幗坤、淑娟、詠慈

和許多默默努力的弟兄姊妹；

感謝在香港、英國、加拿大和德國為我的輔導和

寫作多年代禱的家人和弟兄姊妹；

感謝與我互相扶持、同行人生路的振忠；

沒有你的智慧和幽默，

我們的花園沒有這許多盛開的玫瑰。

聽到生命的精彩

鄺頌安

聽到生命的精彩
作者／鄺頌安
總編輯／黃幗坤
策劃編輯／周淑屏
美術設計／鄺穎殷
插圖／劉碧雲
出版發行／突破出版社
香港沙田亞公角山路 33 號突破青年村
電話：2632 0000　傳真：2632 0388
電郵：breakthrough@breakthrough.org.hk
網址：http://www.breakthrough.org.hk
http://www.btproduct.com
承印／海洋印務
2014 年 2 月初版一刷

Let Us Listen!
by Kenon Kwong
First Printing, First Edition, February 2014

Printed in Hong Kong
ISBN 978-988-8246-14-4

本書經文取自《新標點和合本》，版權為香港聖經公會所有，承蒙允准採用，特此鳴謝。

本書採用環保油墨印刷

每一個
年輕人都應當
乘着夢想的
翅膀出航。
飛翔專號

目錄

在黑暗中茁壯成長

從黑暗步向光明

自序　拋一個玻璃瓶

2013 年年頭，拿出紙條，寫上「出書」二字，放進玻璃瓶，丟進大海。年尾，玻璃瓶漂回了，打開，竟是一紙合約！

年頭，我定了心意，也曾約見一位舊友，談談出版大計。腦震蕩一小時後，頂着一腦袋思緒，興奮地走回街上，忘形，連外套也留在對方辦公室呢！

春雨夏日、秋風冬寒，出書的念頭不時像「打傻瓜」遊戲裏的地鼠，稍一冒頭，便被生活的大鎚打回地洞。

天陰且冷，正以為 2013 年猶如 WhatsApp 羣組裏的某句對話，快要在喧鬧中悄然離去，忽然，淑屏來電了！

聊了兩次電話，出版計劃就此敲定——且是由淑屏肩負編輯大任、由突破出版社負責出版呢！

只有感恩，當真，只有感恩！

誠然，出書不難，數萬港幣，即可成事。可是，若要碰上有心有力的編輯，獲得聲譽良好的出版社垂青，卻不簡單。對我而言，這從天掉下的出版計劃，實為難以量化的禮物，亦是可遇不可求的恩典！

〈馬太福音〉六章 33 節：

「你們要先求他的國、和他的義，這些東西都要加給你們了。」

是的，跟 2012 年相比，2013 年多放了時間在禱告和傳福音上，把以往花在撰寫計劃書、申請資助的心力時間減少了。只是，2012 年，我撰寫了三份計劃書，面試兩次，也一無所得。如今，無心插柳，卻可以出書呢！

感謝耶穌，雖然自己尚有許許多多不足之處，祂卻真實無比，祂的應許總必實現，儘管是隨手擲出的玻璃瓶！

在此，也感激淑屏的邀請和信任，並在選文編校方面，擺上不少時間；同樣，感謝替我撰寫序言的好友，從你們的眼睛裏看見自己，有點熟悉，也有點陌生——陌生，或因尚未全然展露自己呢！無論如何，盼有一天，我們可以成為知己，彼此鼓勵！

謝謝天父！謝謝好友！

作者

鄺頌安

2014 年 1 月 13 日

序一

我和安仔是在一個網上電視台的訪問節目中認識的，而該節目的主持人便是安仔。在整個訪問過程中，安仔以熟練的主持技巧帶領着我，使我很快便投入拍攝工作。安仔表現淡定，對工作很專注，而我更發現他的記憶力很好，有關訪問的內容了然於胸，有專業水準。訪問完畢，安仔送了他的一本著作給我，那一刻我才知道，他原來還是一位作家，真多才多藝！我認識很多視障人士，知道他們的工作能力很高、很盡責，安仔讓我從另一個更高更闊的角度去欣賞他們。

及後與安仔有更多接觸，知道他是一個對事物「觀察入微」的人。雖然眼睛看不清，他卻能利用聽覺及豐富的心靈視覺去了解身邊的人和事，細膩處比我們常人「看」得更真。

讀畢安仔的散文集，使我從紛擾的商業世界中尋回自我，讓心靈享受到片刻寧靜。我希望這書能讓社會人士對視障人士有更深入的認識，予以接納，並讓他們得到更多支持。我亦希望安仔的感人故事能為這個物質社會帶來一股清新及正面的力量。希望您也能得到啟發！

文樹成

萬賢堂管理顧問有限公司董事總經理

2013 年 12 月

序二　視障不視障

上天真是公平。

錯過了上次在安仔的訪問集《黑暗也能看見》裏寫序，我終於等到今天說句：「安仔，恭喜你（又）出書！」證明上天不時留起機會予我們，只看你何時有空去領籌。

安仔自出娘胎不久便證實患有深近視，大學畢業後，視力更漸漸衰退，如今更失去大部分視力。我認識他快十個年頭，老編叫我去訪問他，那時他的視力只餘下一兩成，還有嚴重青光眼，準備要動不知第幾次的手術。眼前的安仔應該三十出頭，那麼之前的二十年他是怎麼過的？為甚麼在這十年後的今天我們才第一次見面？樂觀地想，安仔今天仍能隱隱看到我的頭髮、我的影像，也慶幸他身邊有一位從事時裝設計的密友，變成了他的雙眼。感謝老編委派我，幸好我也沒有躲懶，否則也失卻了這次機會。因為，安仔是個非凡的人。

基於工作關係，十年間，經常分享到他的生活點滴，除了在《am730》的專欄，也不時收到他在工作、家庭和愛情生活上的分享。要知道，安仔幾乎只有四官之感，但卻特別靈敏，內心非常感性，在「視障」這道路上，安仔是倔強的、獨立的。有時候，我會多花幾遍感受他所看到的，閉上眼假裝感受他聽到的、他摸到的；幻想皮膚上有熱汗、臉龐上有涼風。

安仔，多謝你提醒了我，做人不是要用心嗎？

Winki
《am730》編輯

序三

認識安仔已有好幾年了，回顧往事，一切都是因緣際會。

因緣際會下加入了商業電台，偶然機會下當上了《打書釘》節目主持，每星期介紹不同的書籍，就這樣透過在大氣電波之中認識了安仔，當年他送上來的一個陶藝器皿，還好好存放在家裏的書櫃。

但主持與聽眾的認識，只是第一步。離開電台，轉往報章工作，失明人士協進會的莊陳有突然邀請我參與失明人士就業的計劃，希望我能夠從旁給予鼓勵，就這樣，終於有機會面對面與安仔見面了。

這一次見面，時日久遠卻記憶深刻，因為它讓我看到香港視障人士面對的就業困局；因着先天的障礙，哪管學歷以至就業態度等等俱不錯，卻要處處碰壁，即使要找一份低學歷的工作也未必能如其所願。香港雖然號稱是國際都會，生活西化，但很多地方還是落後得很啊！

所以，很佩服安仔這些年來的努力，在工作之餘還努力地尋找自己的夢想，把自己的經歷、個人的所感所想，一點一滴寫下來；文章偶有生活之苦，但他總能夠在苦中讓人看到陽光與生活智慧。

安仔雖然是視障者，但他總能夠用心細看，看得到的較很多人還要多、還要澄明。

江麗芬

《信報》財經新聞

助理總編輯

序四

今年的元旦零時零分，仍在飛機上，給了自己一個期望，就是要注意健康：既要身體上的健康，更要心靈上的健康。

撰寫此文之時，剛好是2014年的第二個工作天，基本上又是工作及會議不斷的一天。忙碌之後，想起了要給安仔的新書寫序，榮幸及高興之餘，又有一份擔心，因為自己一向不是很會寫作的人。

翻看了安仔新書裏的部分文章，真的猶如在「心靈綠洲」走了一趟。他的文章令我看到：〈不再咕嚕咕嚕〉細膩的生活片斷，〈跌咗電話得啖笑〉的準確觀察，細味能否〈活到125歲〉的反省，及〈遙遠的跑〉的生命動力。

在「黑暗中對話」這些年認識了安仔這位好同事，知道他不單只相當有衣着品味，更是愛好思想的年青人。回想起我在他這個年紀時，肯定欠缺他這些洞察生命的能力。

看完他的文章，令我再重新檢視生命中最可貴的，是能看透生命中所有的「可能性」，而不是「不可能」。追尋自己的夢想永遠不會太遲，為自己的夢而永不言敗的奔馳更是令人無悔。

再一次謝謝安仔給了我這次機會撰寫序言，並從閱讀中讓我的心靈飛翔。

彭桓基

「對話體驗」行政總裁

DID HK LTD

序五

認識安仔，是因為在某報上，我們在同一專欄中寫文章。有一天，他送來電郵，表示欣賞自然學校，自此，我和他在電郵中有通訊往來。後來，在一次名為真人圖書館的活動中，我和他也是其中一本「書」，便和他正式會面。

安仔，雖為視障人士，但他沒有和社會脱節，積極投入社會，參與社會事務，其實他和一般人沒有兩樣。他主持網絡電視台 VTV 的節目 ——《眼看手亦動》，曾探訪自然學校及公平貿易，主動把不同於主流的觀念，帶給視障及網絡朋友認識，這份心意，難得！值得欣賞和支持。

看安仔的文章，發現他敏感於日常生活的體會，對細節有細膩的觀察，特別是因為視障為他帶來與別不同的審視角度，有時對普羅文化及習以為常的事情有所批判，但又感受到他那溫柔的接納。

安仔出書，透過他不平凡的視角，對世情有不一樣的認識角度，讓我們走進視障朋友的內心世界。視障確實為他帶來不便，但只要用心，困難還是可以克服的，就如他在地鐵站內的百米狂奔。

海星

鄉師自然學校校長

2014 年 1 月 10 日於星鷺居

序六　2013 年最快樂的一天

安仔總會定時電郵給我，說說近況，問候一下，令我感到溫暖之餘，也讓我這個從不主動問候他人的懶人慚愧！

去年聖誕前，又收到安仔的電郵，標題是「2013 年最快樂的一天」，腦中閃出來的是：「他向女友求婚成功嗎？新娘子必定自製禮服和婚紗……」。噢，時機未到，原來是一位知名作家找安仔出書，令他大樂！

安仔說他曾經是我的聽眾，而我現在卻是他的讀者。

因為安仔女友的關係，和他認識已快將六年。外表上，他變得越來越有型；生活上，他活得越發精彩。跳舞、編劇、寫作、做主持，完全不會難倒視障的他。

從認識至今，從沒見過安仔不開心，即使偶有困難，他還是那麼從容不迫，微笑面對。閱讀使人增進知識，使人成長；我更相信，閱讀安仔的文章令我們更懂得活在當下、知足感恩。

多謝安仔，時常給身邊朋友帶來快樂的一天！

加油，主祐！

Shirley 曾淑儀
曾任職香港電台，主持多個節目

序七

安仔拿着長長的氣球，跟我們說：「先把頂端部分扭成一條香腸，然後再扭一條香腸，把兩條香腸扭在一起……現在扭個魚蛋在下面，嗯，大家看看，像甚麼？」啊，我驚訝地看到了一隻可愛兔子的臉和耳朵！

安仔很會形容他所經歷的一切，無論是人物、事物還是感受、看法，他都細緻描繪。看他的文字，猶如看電影，幕幕栩栩如生。例如：「月台空無一人，深黑的引路徑則清晰可見，筆直地貫通月台兩端。剎那間，我意識到那是為我而設的百米賽道。忘形得忘了深呼吸，肌肉和韌帶已如忽獲放鬆的彈簧，不住拉動雙腿。」

我彷彿感受到他飛跑掀起的那陣疾風！

除了睡覺，我無時無刻不依賴眼睛導航，很難想像安仔在這條由看見到看不見的路上，如何一路走來。他在日常生活中面對甚麼困難？他的生存意志如何被考驗？學習、求職甚至戀愛的過程中，他的自我價值曾受到怎樣的衝擊？

不尋常的經歷，陶煉了安仔堅毅自強、謙卑敦厚的性格。他默默耕耘，學習不輟，從不放棄自己，而且熱心貢獻，將所知所學與人分享。

安仔用心而不是用眼觀察一切，因此他的文字別具視野，獨特清新；他對人情世故的閱讀，往往透着一種純真、一種細膩、一種溫柔。

當我們處身黑暗而需要光，正正就是讓自己變成光的時候。感恩認識安仔，他讓我打開了心眼，在黑暗中見光明，在有限中創無限。

陳美紅

嶺南大學翻譯系助理教授

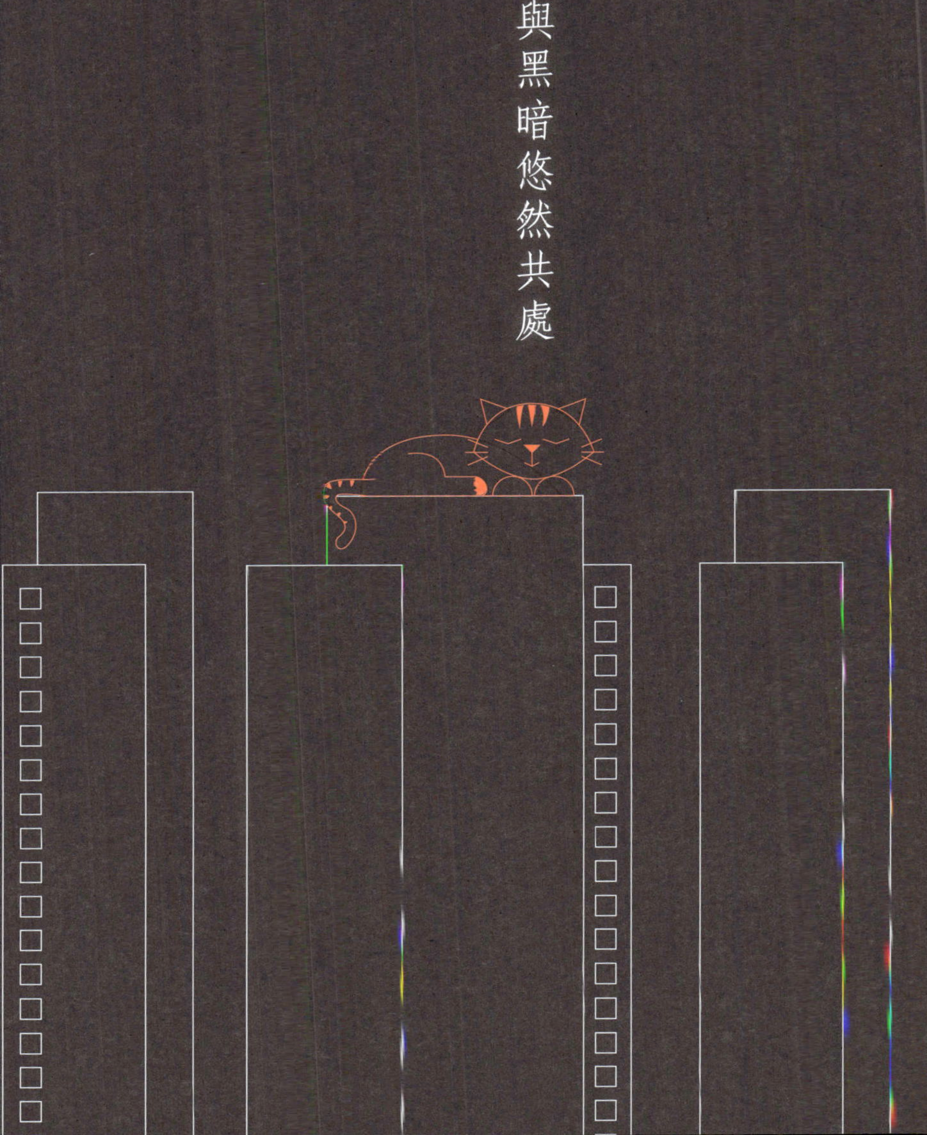
與黑暗悠然共處

生命河

如果生命是一條河，我們會先確立一個目的地，然後單純地「湧」往直前嗎？途中，我們能帶給他人一些滋潤嗎？

咚的一聲，大學生活就如假日的行人專用區，喧鬧地展開——那卻非校鐘響聲，而是視障的我，一頭撞到燈柱之巨響！

數年來，那巨響不時縈迴耳邊，我的心也始終震顫。一次認錯人，上課，便刻意遲到早退，避開引起誤會的可能；一次手術後的休學，增加了同組朋友的功課負擔，分組，便不再自薦，「蘿底橙」的霉臭味卻是任何沐浴露也洗不掉……大學時期，我總携着自身倒影的手，背着斜陽，走往車站，皆因我已不再獨立自主，印象裏，那談笑自若、精明能幹的自己亦已褪成半透明的影兒！

一天，一天，又一天……畢業了，我卻連填寫職位申請表，也弄得恍如塗鴉。

旺角街頭，本該出席大學同學飯局的我，踏進了回家的巴士，只因我不想在眾人談論工作之時，靜默無聲。

明智的，是我主動走進了視障人士的圈子，從前輩身上聽出許多道理。「你害怕握手時，摸來摸去也找不到對方的手？哈哈，那麼，你就比對方更早伸手出來吧！」

我如夢初醒！是的，與其害怕別人看出自己有所不同，何不主動一點呢？於是，我拿起白杖上街，途人會協助我，巴士司機會提醒我下車……在這急轉的都市，能時常沐浴在陌生人的關心中，微笑又怎會離開我的臉呢？

你還能到處去？你懂得上網……街上，我偶爾會跟途人說起視障的生活。詎料，能夠完成這些平常事，竟然也能鼓勵他們！

我懂了！原定之目的地或已無法抵達，但若能抱擁視障這個身分，走到那裏，我也可帶給別人一點滋潤！

看一看，溪水邊、石縫間，小花竟在搖曳呢！

刊於《am730》

行動帶來改變

拍拍他的肩，全身似觸電；笑笑說再見，身心飄飄然！

聽見引擎重新低哮，才知道腳已着地。街道昏暗，空氣混雜塵沙。我的每個細胞卻在跳躍，恍如走在繁花盛放的花園，掌心則未忘掉他塑膠風褸的質感。

他是每周僅會碰面數次的巴士司機，那次身體接觸卻帶來無可取代的激勵。

「不好意思，請問是 xxx 路線嗎？」受視力所限，每次登車，我總得多此一問。迴響卻是大聲而不耐煩的吆喝：「是啊！」

第一次、第二次，我也甚感錯愕，就像落葉遇上狂風，只得靜靜坐下。致電熱線，詳盡地投訴後，腦海才平靜下來。

第 N 次，他的呼喝終於戳穿水管，怒氣噴射而出，我以罵還罵，憑大聲鬥大聲。下車前，我還從他口裏迫出了車牌號碼，以便投訴「有名」。

漫步街頭，我卻頗有歉疚，只覺違背了自身的信仰。

啞忍又有不甘，「回敬」又是不願，投訴更只屬從話機聽聽純音樂，再跟巴士公司接線員友善地談談心的玩意兒，真煩！

只是，每星期總有數天，我還是需要在那時段，乘坐那路線的巴士呢……

掙扎過後，不欲自責的我選擇了做回溫和的自己，並多番在腦袋演練應付之法。最近一次，他怒哮以後，我便單刀一句：「你很憎惡視障人士嗎？」這次，他無言了，我卻感到自信而喜悅。我決定再下一城，於是，下車以前，我深吸了一口氣，完成了文首提及、難度等於轉身三周半的動作，才跳回地面。

一分真心，九分曲線責備，這是我心知肚明的。請見諒，我尚未達到以善報惡的臻境。可是，我實在地體會到，行動突破思想的那份力量——試試催促自己，以另一方式應對周遭的人和事吧！在大腦收到「我可以」這個訊息以後，我們便會整天神采飛揚。

刊於《am730》

遙遠的跑

前陣子，一個由視障男生與健視女生共譜的愛情故事曾成為部分人的一時話題。當中，讓我甚有同感的是女主角的一句話 —— 就因他的世界和我的有所不同，才不會悶。

無庸置疑，視障當然會導致不少不便；但同時，它也替各樣瑣事添上了另一層意義。以跑步為例，沒視障時，我可疾走於人潮中，衣角仍不沾人或物。如今，我縱緩步在人海，亦難免摩肩接踵。狂奔的快感早已遁得老遠，快跑的衝動卻始終潛藏心底。一天午後，於上環地鐵站下車。月台空無一人，深黑的引路徑則清晰可見，筆直地貫通月台兩端。剎那間，我意識到那是為我而設的百米賽道。忘形得忘了深呼吸，肌肉和韌帶已如忽獲放鬆的彈簧，不住拉動雙腿。

一跑到尾。

喘噓噓地回首，定睛，長長的引路徑恍如勝利的記號，直劃到大腦皮層；臉上微熱的毛孔則默念着剛才片刻的疾風送爽。

我傻笑了

一次，為趕及上船，又跑了一程。那時，正值中午；那天，適逢豔陽高掛；那往碼頭的路上不單行人熙來攘往，更大多是沒有遮掩日光的上蓋。上述種種均倍增了我奔跑的身心障礙。結果，時急奔時疾走，雖有碰撞跌倒，還是及時闖關了

能勇於奔馳，只因偕伴同跑。每到途人稀、雜物少的寬敞平路，友人總輕觸我肘，跟我同步奔走。偶有信心不足，我便多問一句，以肯定路面狀況。於是，以視力衰退後的破紀錄速度　我跑畢了那段路。

坐在船上，友人和我的呼吸似仍處於極為相近的節拍，我倏地發現，在那一段同途裏，友人和我的距離已被一步一步地拉近。

我又傻笑了

每種遭遇都能帶給人迥異的意義，若能細心體會它們，或可讓生活添一點姿彩！

2007年1月

走在後面

小學時，讀過一篇關於火場逃命的文章。火場裏，有一個失明人和一個肢體傷殘者。前者難辨方向，後者沒法走動。最後，失明人揹起肢體傷殘者，在後者指引下，雙雙逃離火場。多浪漫的一個故事呢……

這故事再次浮現腦海，是在一個日光猛烈的下午，我正在旺角街頭急步而行。誠然，在強烈的光線下，我的視野早已變得更為模糊，我本該步步為營，不是擔心撞上燈柱，便是害怕漏看了石級。那天，我卻邁開闊步，只因我走在一張輪椅之後。首先，輪椅所經的道路當然足以讓一個人通過，而且，據我有限的認知，為保護自己和輪椅，坐輪椅的人亦不會讓輪椅駛過梯級。如此說來，隨輪椅而行，就必然不會遇到上述的「隱憂」（燈柱或石級），於是，我毫無忌憚地邁步。重嚐這輕鬆疾走的感覺，實在暢快！

走在輪椅之後，我想通了一些事情。為何天橋的上落處要建成螺旋形？既佔用空間，又較上落樓梯更為費時耗力。而在那些僅有一兩層樓高的建築物裏，為什麼需要大花金錢，安裝升降機？電視不是說什麼「日日運動身體好」嗎？

沉思之際，已走到行人路的邊緣，我跨出六、七步，已走過馬路了。回頭一看，我那位坐輪椅的朋友卻繞道街尾，尋找可讓輪椅走進馬路的下斜坡。那一刻，真有咫尺天涯之感。豈知，該障礙卻不是最大的難題，由於附近沒有回到行人路的斜坡，他竟被迫在馬路上行駛了很長的距離，與汽車擦身而過，當真見者心驚。他卻不以為意，或許在這障礙之都，迫於無奈，他早已習慣如此冒險。那時，我忽然憶起，自己也曾為免遇上那些燈柱、石級，寧願走在馬路上。我心頭一動，發覺縱然視障人士和輪椅人士的局限有所不同，卻有可能遇上類似的障礙，甚至並肩走在同一路上。

但是，這不代表我們的要求便全然相同，相反，兩者之間卻有着一些衝突。舉例說，視障人士所使用、凸起的引路徑便可能為輪椅人士帶來不便。而為了方便輪椅上落，將行人路和馬路間的石級變為斜道，視障人士便可能因而走進馬路，卻未能知曉。

只是，這些不同需要卻又不代表兩者不能共融，它們只表明社會的確存在需要不同的朋友，而完善的城市設計也不能缺少他們的參與。惟有各方需要均獲得充分考慮，設施能配置恰當，各人才能自由自在地穿梭於城市裏。

2005 年 10 月

我心頭一動，發覺縱然視障人士和輪椅人士的局限有所不同，卻有可能遇上類似的障礙，甚至並肩走在同一路上。

共鳴同途

「我在社福界工作的，不時會接觸輪椅人士。你猜我們一起外出時，會有什麼奇遇呀？」在分享會上，一位視障朋友賣了個關子。聽見他故作神祕，我想了想，心底忽地浮起一個模糊的影象。

約七、八年前，籌備了一個社區活動，以了解本地適用於不同能力人士的社區設施是否足夠。當年，視力尚算不錯，加上還未接受視障人士這個身分，我因而甚少拿着手杖上街，只是，作為青光眼患者，在猛烈的日光下，我的視力卻會大打折扣。

一天，我與一位輪椅人士一起落區。當日，我照例沒有手杖在身，而那個暑天下午亦如常的艷陽高掛。縱然手掌時刻擋在額前，儘管雙腿經常保持「龜速」，我還是無法避免兩小路障的「偷襲」！

那兩小路障便是馬路邊的一小級和路上的矮小雜物（如：手推車），正因着它們的「微小」，自己不時「中招」—— 不是踏空一級，便是撞傷小腿。

那天，為着與輪椅朋友同路，我當上了他背後的男人，我卻因而避開了這兩小路障。一、為了保養輪椅和保護椅上的人，一般而言，過馬路時，他們只會行經斜道；二、輪椅能過的通道當然不會有什麼雜物啦 —— 除非我的體形比輪椅還要胖！

「哈哈，我發現，原來只要跟在輪椅後面，即使不拿手杖，我還是十分安全的呢！」那位視障人士打開謎底了，他的經驗竟然跟我一模一樣！

那一刻，同路人的共鳴有如泉湧，就如發現一位素未謀面的人，在音樂、閱讀、飲食等各方面，均擁有與自己共同的喜惡一般，我多想立時上前高呼一聲「我也是，我也是」！

誠然，輪椅朋友和視障人士的困難不盡相同，為視障人士而設的引路徑甚至會造成輪椅出入時的不便，而為輪椅而設的斜道也可能導致視障人士走進了馬路而不自知。美妙的是，當我們願意並肩同行，彼此的差異原來又能如此微小。

每個樂器之中均有一個共鳴箱，不然，沒有了空氣的震動，便難以傳遞清晰的響聲。有時候，一些特別經歷就如一個鑽子，鑽出孔洞的一刻，總教人相當難受，但若欠缺了一個孔洞，我們便難以與他人共鳴，更遑論成為他人的同路人了。

刊於自在社網站

三碟飯的啟示

「哎呀！」我們剛剛起筷，同席的視障女子M輕輕驚呼一聲，卻沒說下去。我和另一位視障男子H一再追問，M才道：「那位替我把飯移到你碟裏的伙記，將很多飯都移去了！」

那天，一行三人走進了茶餐廳，坐到了卡位。在六、七款的午餐裏，有兩款也讓我左右為難，腦裏曾閃過一個念頭，我好不好問問他們，會否吃肉餅飯，那麼，我豈不可以吃一點點肉餅，然後，享用至愛的玉米魚柳嗎？

Yeah，那豈不兩全其美！

只是，他們遲遲未下決定，我便先點了一碟玉米魚柳飯。

想不到，其餘二人也情有獨鍾於魚柳飯。那一刻，我曾想，何不倒過來，我要肉餅，然後吃他們一塊魚柳？

但為免煩人，我很快放棄此念頭了。

點菜時，M 要求少飯，寫菜的答應了；誰知，H 卻要求多飯，於是寫菜的伙記自信十足地道：啊，那麼，不用麻煩了，三碟飯到來時，你們自己從一碟移去另一碟，那豈不簡單？

三人靜默半晌。H 帶點無奈，説：好吧！好吧！

傳菜的伙記 A（注：非寫菜的那一位）細心地將熱檸水、熱檸蜜和奶茶，分別放到我們三人之前。接着，A 又來了，並將三碟玉米魚柳飯放到桌上。

H 説：阿哥，可不可以幫幫我們？

原來，H 欲請 A 協助，從 M 的碟裏，將飯移到 H 的碟裏。聽罷，A 手起匙落，三爬兩撥，搬飯過碟，功成而退！

結果，便引起上述一聲驚呼，H 和 M 便需自行還原，將部分白飯移回 M 的碟裏。

那一刻，我想，怎麼我們一口咬定，A 移動了太多飯呢？或許，三碟飯本來份量就不算多，稍一移動，便會少得可憐。

當我沒有將責任推到他人身上，忽然，腦裏浮上不少其他想法。

我想，作為三人裏視力最佳的一位，若再遇到類似的情況，我或可主動提出協助，不就能避免類似問題嗎？又或者，我早早提出那個「兩全其美」的大計，豈非大家可以配合得更好？

我又想，如果，我起初不怕麻煩到別人，臨時轉軚，改吃肉餅，劇情豈不全然不同？我繼而想到，我為何那麼怕煩到別人？為何如此不願意留給別人「三心兩意」的印象呢？

還有，如果 H 願意堅持，不順從寫菜伙記的建議……

雖然問題無一定答案，選擇也沒有必然對錯，但那天，我再一次明白「睇自己」（正視自己的需要）的好處。

很多時候，「睇自己」就是跨過起跑線的第一步。

刊於自在社網站

同盒不同蓋

「為何如此不小心？你吃飯時跟別人搞亂了飯盒蓋嗎？」

砰的一聲，大門才緩緩閉上，背囊尚未卸下，母親便嘮叨。原來，她發現，我從公司帶回家的玻璃飯盒是「同盒不同蓋」的。我想了想，依稀憶起，午膳時，一位熱心的男同事曾替自己從微波爐取出飯盒來——大概是那時掉了包吧！

「明天跟他交換回來吧！」

「但我們都是兼職，也不知道人家明天是否上班。即使他上班，也不知會否碰面。」

「那麼，貼張紙條出來吧！千萬不要拿了人家的東西。」

「嗯……盡量吧。」我一邊脱掉皮鞋，一邊無力地說。那時，我開始懷疑原先的推斷，因而未敢確定飯盒蓋的去處，加上工作帶來的疲憊，我只隨口回應，心裏卻想：「碰面再算吧！何必小事化大呢？」

「哈哈，原來我不是跟別人交換了飯盒蓋呢！」翌日晚上，我拍了拍母親的肩，笑道。事實上，兩天前，視障的我一不小心，將擺放位置相近、形狀大細相同的一個飯盒，從公司的雪櫃拿進了微波爐，詎料，那卻是同事的飯盒！

本以為，對於那位疑似物主的男士而言，飯盒蓋比原子筆蓋重要不了多少，再加上視力所限，不能確認物主是誰，於是，我只想小事化無。後來，心裏卻有一個想法，何不做點力所能及的事呢？怎麼過早斷定結果呢？我隨即簡短地默禱。

午膳時，在公司的休息室裏，我跟另一同事閒談，刻意大聲說出「盒蓋掉包」的事件，誰知，話剛說完，鄰桌的女子便柔聲道：「我想，你是吃了我的飯盒了。」就這樣，我認識了一位新朋友！

當初，若我連一點風聲也不放出，那同事便無法尋回飯盒，我也永不知自己犯上了「偷飯吃」的罪名。

感謝耶穌，讓我從一個飯盒蓋看到自己的不足！

刊於《am730》

手術前遇見的五位醫生

想不到 5 月開刀後，10 月剛到，便要再捱一刀。或許，人愈大，愈怕痛。聽見再要開刀之時，縱知道手術的類型、難度、風險跟以往的大同小異，縱曉得手術之必要性，心裏卻始終十五十六。

消沉過後，我才開始搜尋名醫。詎料，在眾多朋友的推薦裏選出一位，原來也需花費不少心力。結果，第二位眼科醫生以其自信爆棚的口吻，提出了一個與我心意暗暗契合的建議 —— 以別的小手術暫代原定之大手術。

帶着一份盼望，拿着第二位醫生的一張「草書」，坐在第一位醫生面前，卻只換來他頭頭是道的分析 —— 還是大手術比較合適。

由於兩名專業人士的建議甚有分歧，且各有好處，心頭難免七上八落，我不得不「再考慮一下」，不得不再尋另一個獨立第三者，為此作一裁決。

可惜，第三位竟毫無創見，只重重複複地勸我，該信任第一位醫生，因他任職的醫院已擁有最新的技術了。聽罷，失望之極。只道他的話簡直「零」用途，絲毫無助於作出決定。

由於心裏早有定案，無論如何，聽罷第四位醫生的建議，便不再另覓意見，與第四位見面前，我已列出所有想到的問題和疑慮，並細細讀過幾遍。最終，雖不是預先約定的醫生為我診斷，還是得到滿意的答案，並能下定決心。

誰知，再次回到第一位醫生那兒時，他卻請了假。於是，第五位醫生出現了，他卻告訴我，近日的病況變化不大，手術方面可以遲些才下決定。霎時間，原有的想法又被弄得亂七八糟，再一次，我不得不「再考慮一下」。

只是，這一次，沒有立即離開醫院，因我知道如此下去，並不是辦法。結果，在病房門外，我靜思良久，總算拿定主意了……

誠然，人生的確充滿抉擇，不少也是好壞參半，難以取捨。即使尋得的數據再多，意見再專業，我們可能反而更混亂。有時候，甚至因為自己的主觀意願，我們會將他人的提議化「正」為「零」。

不過，不論如何，我們也該為自己的決定負責。即使那選擇未必帶來最好的結果，我們最好還是在有限的條件下，盡力發揮。

刊於《am730》

「哎呀！」我們剛剛起筷，同席的視障女子M輕輕驚呼一聲，卻沒說下去。

補習，久違了

近日，我重新踏上久違了的補習之路。久違了，並非因為自己不願意替人補習，只因這條路實在不易走。大家可能以為，補習也不過是出些練習題、檢查功課等舉手之勞。但撫心自問，若遇上一個補習老師，每逢解答問題，總得將課本「左嗅右嗅」；檢查功課時，又要求學生讀出所寫的答案，你會怎麼想？

於是，不止一次，補習一堂以後，我便收到家長來電，聽到他們婉拒的說話。結果，不單薪水收不了，備課和補習的時間賠上了，心也灰了。

無疑在競爭激烈的時代，工作速度稍慢的人便被視為力有不逮；工作方式異於常人（如：邀請學生讀出題目或答案），則可能為當事人帶來無根據的質疑。

灰心乃正常反應，卻不該持續影響我們的抉擇。不然，我們便無法扭轉逆境，以往的一臉灰也是白碰的了。

誠然，每次接到補習的介紹，我都會心大心細，既害怕重蹈「被炒」之覆轍，又擔心錯失良機，而且，經常拒絕別人的介紹，更不免讓朋友誤以為我不想再補習。結果，不單自斷財路，亦會予人一個不積極的印象。為此，間斷地令我困擾了好一陣子，直至悟出了法門——那就是溝通。在洽談的初段，我便會讓介紹人或僱主知道視障人士的需要，好讓對方自行決定聘用與否。

遵行此法後，雖然久久再沒成功取得補習工作，但至少，我仍算盡力爭取過。至少，這也減少了僱主因詫異於我的特別需要 而「一見即散」，更重要的是，這些溝通也能讓別人認識到視障人士的能力（縱然他們暫時未必相信）。

我最終總算找到一份補習，大概也是因為持續的嘗試和溝通，這大概也是視障人士求職時應抱有的一種態度吧！

刊於《am730》

樂在「棋」中

是紅是黑？是車是馬？又何用多問，不是一看就知嗎？是的——除了我們！

在香港失明人協進會主辦的「2007 全港失明人士象棋比賽」裏，棋子和棋盤均經過特別設計。首先，棋子表面分別印上了不同數量的圓點（零至六點），用以區別兵車馬炮等。此外，所有紅棋表面的邊緣皆被刻上均等分佈的窄縫，以便識別紅黑。最後，為免參與者以手指探知戰局時不慎「打亂陣勢」，棋盤則以九行十列的圓洞構成，好讓棋子們安身其中。

再一次，這棋盤證明了，只需花點心思，視力的高低並不會構成活動參與的障礙。當然，對部分人而言，看與不看早已無關緊要，只因他們乃憑着腦中棋局以言語對弈的高手。

可是，我卻純屬泛泛之輩，參賽前，更因視力情況而年多未碰象棋，故只是抱着志在參與的心態，走到棋盤之前。詎料，當置身多變的戰陣，當面對認真的敵手，高昂的戰意竟油然而生。由於棋藝高低有別，開局不久，我便落於下風。我因而不得不當上「站長」，不得不將各棋子的危與機反復思量。結果，愈是認真對弈，便更加察覺棋子的各有特性、戰局的瞬息萬變，我也因而更為着迷。所以，縱然每陣皆敗，我也甚為樂在「棋」中。

所謂人生如棋，樂在「棋」中也的確讓我體會到不少道理。舉例說，比賽中，我兩度被安排先開棋局，起初，還以為可佔點便宜，詎料，這反而讓自己的戰略暴露無遺，只因對手早已將眾多棋譜牢記於心，總能藉此預見我的下一步。這確是當頭一棒，讓性急的我深刻體會到，先機並非決勝的關鍵，能力才是左右大局的首要因素。

誠然，恍如人生的也不止下棋，只要認真和投入，不論玩樂還是上課，我們總會有所得着。

刊於《am730》

再一次，這棋盤證明了，只需花點心思，視力的高低並不會構成活動參與的障礙。當然，對部分人而言，看與不看早已無關緊要，只因他們乃憑着腦中棋局以言語對弈的高手。

從不同開始

最近，參加了「觸映份子」主辦的《無界劇場》工作坊。「無界」就是讓不同人之間的界限淡化，從而讓彼此溝通無阻。

溝通？不就是眼看耳聽嘴巴説嗎？頂多加點身體語言不就行了嗎？那又何來隔阻呢？對多數人而言，這想法似乎理所當然，皆因我們甚少考慮到人羣中的不同能力人士。

不同能力，與傷殘、殘疾等字眼相比，的確較少聽見。但日前，聽了某話劇劇場啟導的一席話後，我卻發現，字眼背後原來尚有文章。

在一次演出後，一位觀眾如此讚道：他們（指不同能力人士）也可達到這水平呢！聽罷，劇場啟導便想，怎麼觀眾並不欣賞演出的本身呢？不同能力人士的演出就要被視為次等嗎？

在工作坊裏，他亦指出，沒有人是需要被照顧的，相反，我們卻要學習如何跟不同的人溝通。

不錯！我們欣賞別人，有時竟是基於對他人能力的錯估，而這錯估更經常窒礙了對演出的整全欣賞，這樣便抹殺了演出者的優秀表演，豈非可惜！

而在溝通方面，不同能力人士或者並非採用我們常用的語言，但嘗試掌握一種我們較少運用的語言就等於照顧他人了嗎？學習外語、練琴、學畫，我們又何曾認為那是照顧受眾之舉呢？只因我們渴望以那些方法與人溝通。

踏上這些觀念的岔路，原因之一是傳統字眼並非恰當的路標。它們引導我們，以「不能」為起點，認識一羣普遍存在於社會裏的少數。當然，不同能力人士也需要他人協助，但助人者就是強者嗎？受助者就不曾讓人得益嗎？

抱擁不同是步向多元的途徑之一，正如觸感藝術也是源於視障人士的敏銳觸覺。你也希望抱擁不同嗎？

刊於《am730》

在黑暗中觸摸摯情

咕嚕咕嚕

「咕嚕咕嚕——」

「咕嚕咕嚕——哈哈，安舅父，咕嚕咕嚕！」外甥女笑得清脆爽朗，猶如清水沖刷黏滿汗水的臉。隨即，我也爆笑！

這卻是一年前的事。今天，電視、手機、電腦、玩具、功課……我大概還沒有跌出她的十大吧？「喂，安舅父，我唔得閒呀！」

十年來，許許多多的片段，彷彿給什麼猛力攪拌，翻飛湧動。圓圓的臉蛋慢慢瘦削起來，烏黑的頭髮留長、剪掉，又再垂到背後。爬到沙發上、躲進衣櫃裏、睡在素啡的嬰兒牀上，肚腩還微微起伏……就這樣，簡簡單單的、卸下了我們的擔子！

一天，只剩我和外甥女在家，嬰兒車上，倏地傳來哭聲。我走到車前，她嘴巴張得大大，眼睛閉成兩線。

「寵壞了吧！」我哄了一會，哭聲更大，我決定讓她獨個兒冷靜一下。最終，我抱了抱她，很快，她便軟軟地睡在我的懷裏。心頭既是甜絲絲，又有一點自責的酸澀。

「安舅父，小心呀，前面有隻大八爪魚呀！」她喊叫。舅甥二人各自緊握皮帶，卻同時往右傾側、單膝蹲下。她回頭，拍了拍我的肩，眼珠轉了轉，認真地說：「幸好，我們閃避及時呢！」

我笑了笑，從厚厚的牀褥站起，再次拉緊扣在衣櫃門柄的皮帶。「走吧！我們繼續出海吧！」

近日，與她一起探訪出生僅數天的表妹，對比起半年前看見舅母隆起的肚皮時，她並不顯得十分興奮。我母親微有感慨地說：「妹妹長大了。」

我沉默，走回房間。

7 月將過，新學年又快開始。同學再遇，師生重逢，他們會詫異於她的身高嗎？

我笑了笑，感恩曾在忙亂中，仍跟她躺在牀上，大腳板對小腳板地踏單車；曾在頭痛之時，仍跟她跑進廁所，拿起盛滿水的汽球，對準鏡內倒影發炮。

「喂，你在做什麼？有時間嗎？」

刊於《am730》

都係咁啦！

「不好意思呀，前陣子，忙透了，忘記回覆你的來電。」農曆年前，她趕上了回覆我的聖誕問候。談了數句，為了轉用固網電話詳談，我們掛了線。詎料，這位曾經從好友變為暗戀對象，再回歸「死黨」的中學老友的電話，我竟忘記了。明亮的燈光下，我眺望黑沉沉的窗外，輕吁了口氣。

再次接通後，談了一會，對話卻在不知不覺間墮入了「某某方面點呀？都係咁啦……」的格式，正有點「談話又感慨，掛線又可惜」的味道，她說：「不好意思，有一個要緊電話呢！」我們只好珍惜最後的數秒，互相送上祝福一句。

隔天，跟一位素來有話直說、無話不談的義工朋友喝下午茶。工作沒有什麼突破，功課沒有太多鬥志，親友沒有半天時間，錢包沒有一吋油脂……我們挨着欄杆，雖身處室內，冬天的冷雨彷彿已滲進心房和支氣管。

生活，有時就如走在迷霧中，踏進浮沙裏，愈是放眼觀看，愈是看不清楚；愈是奮力狂奔，愈覺泥足深陷。

一眨眼，已1月下旬，驚歎地怪叫，又過了1/12年了——嘩，已是0.15的反式脂肪呢！她應聲拋下那包特濃朱古力。遇上這好東西時的欣喜和發現其中壞份子時的驚慌，似乎都蘊含了同等的能量，只是各走極端。每次女友選購零食時，站在一旁的我總會對她的「克克計較」有點不屑。但再連接上寬頻後，日子當真珍貴，時分秒卻不如「價真盞」的零食，從來無法留於掌心！

沒想到，大時大節，在隔數年便填上新詞的《恭喜恭喜你呀！》歌聲中，在眾多企業同人的鞠躬前，舉筆一揮，卻全是感慨。我不想，草草地加上「忽然正向」的結尾。

煙花散盡，菜餚掃光，還是給自己半天，關掉電腦，靜靜地喝杯熱茶吧！

刊於《am730》

情人節禮物

那裏分明是放滿電腦、椅子、書櫃等的休息室，他卻恍如置身荷花池邊、小拱橋上，他又看見那雙亮如晨星的眸子，他也再次輕輕按着那隻微暖而柔軟的手，心頭隨即泛起圈圈漣漪。

「其實，談到我們之間特別深刻的事情，我真的想起一件事……」那天，他和女友接受訪問，憶述彼此相識相戀的經過。聽見女友正要說出一件讓她深刻的戀事，他笑得臉部有點僵硬。數小時後，若要他描述那一刻期待、緊張、興奮混雜的心情，大概也只能展示一抹既生硬卻閃出光彩的弧。原來，女友喜歡的是自己每晚睡前的一個小故事——誠然，他也曾親口說出對小故事的重視，作為事業型人，他卻未有深信。

那天，在那個休息室裏，在相識不久的記者面前，女友帶笑追述往事，池旁橋上的一些美麗回憶便慢慢浮現腦海。接下來的半小時訪問裏，他也說出了許許多多欣賞女友的說話，記者也連連點頭，甚至咧嘴而笑。

往常，當穿上女友親自挑選、卻貼身猶如第二層皮膚的衣服，他也會有點不自在；那晚，縱然戴上煲呔、扣上襯衣最頂的一顆鈕扣，他仍蹦跳如常。

欣賞能刺激腦袋，釋放讓人放鬆和高興的荷爾蒙，重要的是，不單聽見欣賞的人，就連同說出讚揚的人也會感到同樣的良好感覺。情況就如送花，除了收花的人，送花的人也能嗅到芳香。

在表達欣賞之時，若能做到具體和及時，效果定然更佳。具體的讚美既能讓聽者感受更深，也能讓他們曉得什麼是值得他人欣賞的；相反，如果讚得太遲，不單記憶變得模糊，聽者也可能感到那些讚美並不那麼重要。

花送了，酒喝了，美食也消化了，情人節，你還欠了情人什麼嗎？

刊於《am730》

爸爸學英語？

嘭！大門在背後自然地關上了。我火速拋下背囊，脫掉雙鞋，正欲走進房間，開「腦」開工之際，父親從房間走了出來。當日氣溫高達 30 度，尚未走近，我已嗅到他的汗味。「啊，還以為你沒那麼早呢，我在替你重新造過兩個抽屜呀！」

我只好坐在客廳靜待。近日，由於買了數個組合櫃，原來的一些家具得以退下火線，父親因而拆解了它們，計劃將之循環再造。

等候期間，我在想，父親真好，當我還沒有提出主意時，他已主動出手了。其實，我的牀是一年半前訂製的，店主說是夾板，送上門時，卻是蔗渣板。送貨那天，懂得木工的父親已嘀嘀咕咕，粗言橫飛……

「哼，正一垃圾，不夠兩年，就好似發霉了！不要錢，送給我也不要。」正思考時，父親拿着一塊木板走了出來，又開始埋怨。我只是隨意地勸說了幾句，他始終連珠炮發，我便不再出聲了。

後來，他暫時停工，我便開始工作。作為視障人士，由於需要應用讀聲軟件，聆聽屏幕上的文字，因而總盼望有一個寧靜的環境。只是，門外再度傳來重重複複的怨言！

我心裏有點不滿，只好悄悄的關起房門。

但不一會，我問自己：「剛才你不是很欣賞父親的嗎？你還沒有為此事而多謝他呢！」我尚未欣賞他，皆因他尚在工作；我還沒有多謝他，因為他一向不會對此有任何回應。一個「人手錄音機」式的自問自答。

那就是事實的全部嗎？就是為了他的表達方式——不如自己那麼正面、充滿感恩和欣賞，我便開始判斷對方嗎？這樣，我就要抹掉他的一切優點嗎？主動、細心、勤力、不怕辛苦、環保……就是為了自己不想聽那麼多埋怨，我便不香跟他溝通嗎？

社會要求兩文三語，有些人為了「煲劇」打機，又或工作需要，更會學好日文韓語，目的各有不同，但成果之一就是可以跟不同的人溝通。類似地，如果我真的希望與父親溝通，我為何會抗拒「他的語言」呢？我為何不先放下自己的一些價值判斷呢？難道定要父親學懂「我的語言」，我才可以展開對話嗎？

刊於自在社網站

電視劇的意義

近日，與母親回祖國旅行。三天裏，飽覽明媚風光，聽過各類趣聞，嘗盡地道菜餚，最深刻的，卻還是一齣本地電視劇。

深刻，不是由於情節扣人心弦，也非因演員賣相討好。深刻，只因久違了——在寧靜的房間裏，舒適的牀褥上，安安靜靜的，與母親一起看電視。這情景真恍如隔世。

那一刻的安寧和舒適教我乍然驚醒——原來，自己與母親的相處已經機械化、公式化了。我樂意與她一起吃飯、逛街，腦袋卻總是亂七八糟地塞滿別的事。我願意與她談心，話題卻總離不開各自的健康或其他親人，而談話後，我卻每每有點交淺言深之感。

多年以前，我們仍會邊看電視邊閒聊，但成長以後，我便將大部分時間投放於別的興趣和活動上，而母親的興趣則始終如一。結果，我們便失去了一個較輕鬆自在的溝通平台。另外，不少活動（如：購物、觀光）對視力的需求也相當高，縱然視障的我可以參與，也難以與她談得不亦樂乎。或許，我們的溝通便因而慢慢僵化了。

那晚，我有所感觸，便感慨地說：很久沒有這樣一起看電視了。豈料，母親只簡單應了聲，而我也一時找不出合適的話題，於是，我們又重歸沉默。

我不禁暗忖，難道二十多年的母子關係就只有這片言隻字嗎？

苦思良久後，還是圍繞着那齣劇集，方能跟她攀上幾句，但我又想，那樣的話題真能滋潤那份僵化的關係嗎？

只是，日後後，電台節目主持的一句話卻掃除了這疑慮。那話的意思大概是：若你希望自己的興趣成為自己的事業，你便需每天花三十分鐘在該興趣上。

我當然贊同這句話，不然，時間表也不會編排得密密麻麻，但我卻忘了，建立人際關係也是一樣，絕非一朝一夕的事。正如興趣的培養，有人初嘗練習的勞苦，便即放棄；有人急於求成，以致失望而回；也有人過分固執於某種方法，因而無法突破。同樣，這些心態也窒礙了人際關係的成長。

如此想來，再膚淺的話題也不算得毫無意義，再普通的電視劇也值得「一起」收看，只要那是為了關係的建立。

刊於《am730》

再膚淺的話題也不算得毫無意義，再普通的電視劇也值得「一起」收看，只要那是為了關係的建立。

選擇與禁止

踏入4月，學生假期多了，跟外甥見面的機會也因而增加。每逢假日，我總會暫代看顧之職，故與這位就讀小五的外甥也感情日深。

愛之深，教之切。近日見面，對他的要求也似乎愈升愈高，大事小事也能找到可挑剔之處。唱流行曲，我便勸他多花點心力背書；打機，便指他浪費時間；吃快餐喝汽水，我同樣能找出數十個反對之理由……只要我認為某事弊多於利，便要禁而戒之，以防患於未然！

又是一個生命的循環了！父母昔日苦口婆心的嘮叨言猶在耳，今天振振有詞對別人多加規管的，卻是自己！

反思期間，想起一篇以愛情比喻生活態度的文章。它指出，有人任意而為，見一個愛一個；有人則盲目服從道德規條，雖從一而終，他所有維繫關係、討好伴侶的行為，卻純粹為了滿足「以往的承諾」，而非出於真愛。乍看之下，後者較為合乎社會要求，並透過規條而變得顧及他人，故亦為較多人所接受。

但細心一想，在生活態度上，兩者的主要分別其實只是服從對象之不同。前者為慾望所支配，後者則為規條所轄制，兩者皆非自主，試問無法自主的人生真的快樂嗎？

故此，即使我們認為打機、ICQ 等毫無好處，即使我們認為這些行為乃基於孩子們過分受制於慾望，我們也不應單單以命令限制他們。難道你忘記了自己受盡父母掣肘時的感受？相反，對於大部分行為，我們或可先讓孩子們自由選擇，並從旁引導他們，讓他們在親身經驗裏，發現事情的好壞。與命令相比，相信這些親身體驗必然讓他們更為心服口服，而透過這過程，他們亦能慢慢學會如何分析處境，作出適切的選擇。

誠然，以往曾聽見有父母為免子女被電視荼毒而選擇不安裝電視，我當時也頗為反感，覺得那是逃避多於解決問題。想不到，實戰起來，自己還是走進了類似的盲點。或許，我們都活得過於匆匆，也太着重效果，故只會簡單地「封殺」污染源頭。

只是，我們卻忽略了，雖然某些行為有其危害之處，其背後卻可能是與子女一起學習的機會。

刊於《am730》

順流逆流

我家附近有一條斜斜的馬路，近日早上，我與母親均會在此路兩端的行人路上繞圈散步，當作晨運。一般而言，我們會先往上步行，在斜路頂點的迴旋處橫過馬路，然後從另一邊的行人路下山，並於起點重新上山。但只要稍遲出門，在上行途程裏，我們總會遇上不少疾走而下的學生和上班族，再加上道路狹小，燈柱眾多，視障的我便不得不步步為營。

於是，我們嘗試反方向地繞圈，好讓我們能在下山的人潮裏，順流而下。誰知，提心吊膽之感卻絲毫未減。雖是順流，我們卻是漫步於急流之中，畢竟仍是妨礙暢通的浮游路障。縱然免卻了迎面碰撞，後浪卻還是湧流不息，其方向勢頭反而更為難辨。再加上前見燈柱、後聞途人的局面，順流的我反而更不自在，更不安心。

困難甚少可以迎刃而解，逆境更少能夠瞬即扭轉，因此，隨波順勢頂多只能權宜，問題始終潛伏身邊。若然順勢而行是違背己心，那就更會帶來持續的情緒起伏。視力衰退以後，我始終力保行動的獨立，以減身邊人的憂慮，但當想到，我拿白杖的事實或會進一步惹起其不安，我便千方百計地減低街頭碰面的機會。約會時，我喜歡趕在朋友出現以前，抵達集合地點，出門或回家前，我也常巧言探知家人是否就在居所附近。

不消多說，類似的處理手法帶來了頗多的不便和壓力，而每有意外碰面，自己的不知所措想必更強化了身邊人的消極想法，造成惡性循環。

相反，當我願意正視問題，透過日常的溝通，主動抹去親友心裏的陰影，那些實質和心理障礙均被逐一掃除，而親友對我的信心也逐步回升。

路障多少、時勢順逆誠然不該決定我們的方向，惟有目標才該導引我們的腳步。

刊於《am730》

「天」外有「天」

天動説——她快要親身證明了！我於是不得不飾演一名揭示真相的大反派。

自從外甥女遷居我家，家裏便多了聽話的人，而且不只一個，而是三個——人肉嬰兒車外公、衣襪玩具搜集者外婆和雜糧供應者姨姨。聽話？永遠也輪不到這位被當作、以致自以為是宇宙中心的小孩。

近日，她久咳不止，但只要她痰鎖咽喉的嗓音一響，伴隨着幾聲毫無威嚴的勸喻，雙手奉上的便又是曲奇、朱古力等零食。接着，在幾張無可奈何的臉前，她邊吃邊咳……

此情此景，在這個父母皆需工作的社會裏，大家可能早已見怪不怪，甚至正携手共建一些只屬於自己家庭的「天動」劇場。

只是，這齣任由小孩自由發揮的「喜」劇總會告終，代價也將要逐一付清。因為不均衡的飲食，小孩或會變得癡肥體弱。由於家人的千依百順，小孩也可能變得不懂互相遷就，以致出現社交障礙。

為免劇情如此驟變，還是盡早打破天動説的迷信吧！外甥女咳着要文零食的那晚，我兇巴巴地教訓了她一頓，並硬起心來，將嚎哭未停的她拋諸腦後。次日，其惡習卻未見改善，我惟有再次板起臉，對她不理不睬。結果，四歲不到的她當晚便願意主動示好，我們亦因而好好談了一會。由此可見，儘管如此年幼，她亦已孺子可教了！

雖然幾經教訓，她仍嗜食難改，但至少，這些經驗能及早稍挫其恃寵生驕的鋭氣，讓她早日認識並逐漸接受「天」外有「天」的現實。

現實為何？太陽系裏，太陽只有一個，算得上為行星的也不到十個。大多數人就如不顯眼的小星星，永沒有任何星體繞之而轉。盡早讓小孩體會這真相吧！好教他們學懂，如何在眾多引力的牽制下安全而快樂地翱翔。

刊於《am730》

帶人撞板

「我想……登廣告呀，看看有沒有人願意參與……」慢慢地，他說出了自己的想法。對於已經推出三部作品的我，這計劃當然是異想天開 —— 為了撰寫勵志的人物故事，竟想到刊登廣告，招徠受訪對象。從許多角度來看，這始終不甚恰當。有這樣的需要嗎？有足夠的財力嗎？若來電者眾，又需要花上多少時間挑選呢？

他是朋友的朋友，需要坐輪椅過活。受到好些社工和親朋的幫助後，一天，忽然冒起一個念頭 —— 收集不同人的勵志故事，輯錄成書。或因生活圈子較窄，或因寫作經驗尚淺，他提出的建議大多不太可行 —— 至少在曾經修讀工商管理的我看來。

首次聽他提及出書大計，已是半年前的事，當時，他並未帶來一篇文章，而他的計劃也只是「這樣做也可以，那樣做也無不妥」的一連串想法和問題。「不如你先看看一些訪問集，並寫點文章，再電郵給我，然後再作討論吧！」

如今想來，我不禁笑了笑，只覺自己恍如日本漫畫或古裝電視劇裏，在某個專業中聲名卓絕的高人，有人前來拜師學藝，總得要求對方先砍柴打掃一段時間，以試試那人的決心。

當然，我既沒有世外高人的傲氣，也欠缺刁鑽奇特的心思，只是盼望透過多讀多寫，讓他對寫作和採訪有點基本認識。數月後，縱然對於出書仍存有不少單純的想法，至少，他動過筆，寫了一篇未完成的文章。這份決心，實在教我感到意外。

於是，本就不愛潑人冷水的我，便加倍耐心聆聽。「或者，你先到網絡找些資料，選定六至八個採訪對象，然後想想如何接觸他們吧！」

似乎點亮了一盞綠燈，他便隨即說出好些構思，又談了十分鐘，我才將他帶回「上網搵料」的建議上。

誠然，這個出書計劃尚未萌芽，夢想成真的可能性也是難以預料，但底特律慈善家貝坦利．克雷吉曾經說過：「只要多打幾發，不好的槍也能命中。」因此，在他尚未放棄念頭之時，我仍願意替他提一些意見。

在這個競爭劇烈的世代，在一個身體受到限制的人身上，仍能保存一個夢想，那實在是最值得保護的一點火光，說不定，星火真的可以燎原呢！

刊於《信念》

A 出口，再見！

校鐘響起，不到 10 分鐘，跳豆似的孩童三五成羣地湧出。她急奔到母親面前，瞬間，鮮紅背包已揹到母親肩上，她的小手已給遞上一個水瓶，前額的汗水已被抹乾。

她只是稍稍轉動了明亮的雙眸，並沒道謝，燦爛的笑容卻已掛在母親微紅的臉上。

似是女孩得到了照料，滿足卻溢出母親雙眼。

*　*　*

「這兒便是 A 出口了。」「那麼，謝謝你了。」作為視障人士，問路就如家常便飯，許多時，只需找到一個定點位置（如：旺角站 A 出口），我便能自行找到目的地了，於是，我跟熱心的途人道別，盼望做回「獨行俠」。

「其實，你要到哪裏去呢？」我揮了揮手，對方卻堅持「使命必達」，陪我多走一里路。

盛情難卻，在那段閉上眼也不會迷失的路途上，我會間歇地作出三種不同的回應：

1. 默然無語，心底卻嘈吵異常。怎麼不給我獨行靜思的機會呢？難道他以為我不懂前往那個地方？只是他一番好意，我又何苦怪責他呢？兩個聲音，恍如彌敦道上的行人，時刻穿插於思潮。

2.「其實，我是後天視障的，我患的是青光眼，如今尚餘 10% 的視力……」從視力開始，無所不談，只要對方稍微感到興趣，我也知無不言，言無不盡。於是，道別時，我流露燦爛的笑容，瀟灑揮手，皆因自覺已經「你幫我，我幫你」，一筆勾消，不欠不拖。

3.「謝謝你，你為人當真熱心呢！」我們閒談起來，漫無目的，直至抵達目的地。輕輕的我走了，帶着一絲微笑……

對你而言，不知接受幫助代表了什麼呢？無能、軟弱、丟臉？即使是無能，那又代表什麼呢？

戰國時期，楚國人許行和其門徒常以自給自足而自誇，他甚至認為無法自耕自足的國君便不算賢明。

孟子卻一針見血，既然耕種和煮食的工具也並非許行自製，他又怎算得上「不求人」呢？

既然求助是難以避免的，我們又可以怎樣看待求助呢？若然求助只是讓不同的人發揮他們的專長，那麼，在接受幫助之時，你又會採取上述三種反應中的哪一種呢？

刊於《信念》

為何奢華

煲劇，還是WhatsApp？漢堡包餐，抑或歸家吃飯？玩Candy Crush、上載凱撒沙律的照片，還是跟餐桌前的親友聊上兩句？

時時刻刻，我們均在選擇。是慣性、利害、情感，或是其他種種因由，引導我們抉擇呢？

2013年5月31日，下午4時10分，觀塘翠屏邨翠柏樓，我登上了九巴11C——記得清楚，皆因遇到非常事件，亦由於不一樣的選擇。

「下次不要再拿長者八達通啦！不要濫用乘車優惠呀！」坐下不久，正為着巴士早到而感恩之際，司機突然咆哮。他繼續呼喝幾句，我才意識到，話是說給我聽的。「對不起，我昨天丟掉了八達通，才暫時借用了家人的。」

事實上，長者和殘疾人士的乘車優惠均為$2。

因此，我不覺得借用父親的長者八達通這行為，包含半點不誠實。

車廂溫度並不算低，空調送風也甚微弱，司機的怒火則愈燒愈旺，撲面而來。我深深吸了好幾口氣，吞回許許多多心底話，方能吐出一句壓縮了的話：「你用不着滿口粗言吧！」

他否認「爆粗」，又數落幾句。下車時，更發射一枚遠距離導彈：「下次還是如此，我便帶你到警署，告你詐騙。」

腳已着地，我的思緒卻如車廂上的一桶水，晃動溢出。為爭一口氣，我可以還火，甚至補回車資差額，再記下職員編號，跟進投訴；因着道理，我可以忍一時之氣，將司機的話當作耳邊風——無他，我本來就可以合法地以 $2 乘坐巴士，即使借用長者八達通，我也無得益，詐騙之談從何說起——鬧上警署？也好，就看看誰代價較大吧！

意料之外，我選擇了 C——一個意念忽然浮現：既是自己不小心，我何不負起責任呢？這樣，若依循正常軌迹，事情將如何發展呢？

遺失了，就要報失，就要等候新咭，在這期間，就該使用普通八達通。這是堵塞捷徑後的大道，或有拐彎，或會崎嶇，卻知道，這也是鍛鍊「在小事上忠心」的道路。

「嘟前嘟後」，心頭總是七上八落，甚至立定心志後，我也忍不住以長者八達通乘車數次。一週以後，取回自己的個人八達通，嘴角卻不自覺地泛起滿足的微笑。

刊於《信念》

白兔的交叉

森林裏，白兔擁有一項特殊技能，就是腳步甚輕——縱然走近耳朵特靈的獵犬，也不會吵醒對方。每晚，白兔回憶當天發生的事情，想到不喜歡的動物，便會悄然走近牠們，在熟睡的動物臉上打上無法洗淨的交叉，以示不滿。

起初，臉上有交叉的動物均會成為被取笑的焦點，白兔也會因而暗中歡喜。不久以後，「大花臉」卻變為大多數，看到他人臉上的交叉，他們不再大驚小怪。漸漸地，白兔心底浮起一個疑惑——難道古怪的是自己？

我們也是這白兔嗎？多少次，走過街頭，我們以重若千斤的目光，牢牢盯住一個陌路人，只因其嘴角上懸掛了半根煙；多少次，收看《勁歌金曲》時，我們隨口丟下一句「乜水呀？」，便隨手轉台，令一位新人「失蹤」。

一位行為藝術家曾告訴我，表演期間他曾遭到警察阻攔。警察說：他們採取行動，全因收到投訴——有人不明白你在做什麼。

「不明白也是『抗拒』他人的理據嗎？」

我呢？我總害怕在人多的場合等候，舉例說，婚宴開席以前，賓客嘻嘻哈哈「吹水」，眉飛色舞地玩智能手機，那時，我便想：這些瑣事也值得如此「雞啄唔斷」嗎？接下來，主人家例牌地播放新人的成長片段及接新娘的情況，那時，我又想：要知道的，早該已知道了吧！還不知道的，大概也不會關心。就是說，若是知己，豈不早就對這些「趣事」瞭若指掌？其他的人嘛，他們大概不會感到興趣吧！

「不要太自我中心吧！」一次，我語重心長地勸說朋友，不知不覺，便想起自己對婚宴排場的想法。猛然發現，上述的否定，在某程度上，也跟自己的視力受到限制有關。正因為無法看到他人手機的畫面及投射在屏幕上的片段，我總是難以投入這些「吹水」飯局和播片環節，結果，那份局外人的感覺便暗地鼓動我，不斷否定這些讓自己不甚舒服的環節。

當然，既不是要處處迎合他人，也無需吞下對他人的意見，只是，當我們給某些想法畫上交叉時，愈是本能反應，愈是理直氣壯，我們愈需回過頭來，看看這個否定他人的自己，為什麼反應如此強烈呢？

或者，我們會發現一個古怪的自己！

刊於《信念》

「謝謝你，你為人當真熱心呢！」我們閒談起來，漫無目的，直至抵達目的地。輕輕的我走了，帶着一絲微笑……

雨的邊緣

走出大門，清風送來一臉濕氣，沒想到霜降（中國節氣）以後，還有如此綿綿冷雨。

縱無傘子在身，也沒有打道回府的念頭。巴士上，雨點瀝瀝輕吻車窗。謐靜裏，彷彿輕躺在微暖的芝麻糊中，又甜又潤。

車廂輕輕晃動，我漸漸甦醒過來。「沒有傘子在手呢！」想到在類似的情況下，關懷備至的摯友曾要求自己購買一柄傘子或便利雨衣，較為節儉的我便感到無奈。「怎麼偏偏在我沒有携帶傘子時才會下雨呢！」

雨點就如天真的小孩，把玻璃車窗當作了彈牀，不曾注意到我皺起的雙眉。

「局部地區性驟雨，間中會有陽光……」寂靜裏，忽地想起天氣報告裏的慣常用語。「既然是局部地區性驟雨，就是說有些地方下雨，有些地方不下雨吧！那麼，雨的邊緣在哪兒呢？」

我嘴角一掀，帶點自滿地審視自己，怎麼忽地詩意起來？為何忽地哲學起來？

是的，有生以來，也不曾在露天的地方，跨越雨的邊緣。我們都知道，只要下雨和不下雨的地方同時存在，雨的邊緣也定然存在。只是，對大多數人而言，我們就是不曾跨越這個邊緣，甚或是不曾發現這條分界線。

約會時間將至，摯友也快要來電，怎辦呢？

我並不想再次購買多餘的便利雨衣，卻又不想跟摯友「討論」太多。

我關掉了手機！基於現實，也因着浪漫，我倏地渴望跨過雨的邊緣。

「下一站是……The next station is……」奇妙地，就在即將下車時，小雨點都被撇到老遠的後方，若不是車窗上仍留有它們蹦跳過後的足印，我還會以為自己正處身「局部地區」以外的晴朗空間。

跨越了！跨越了！心頭爆出了一點興奮的火花——雖然是在車廂之內，這一次，我也真的從下雨之地，走進了無雨之處了！

對於相信耶穌的我，只覺得上帝實在細心，就連羽毛一般、飄過心頭的念頭，祂也給了我細心的回應。在信仰以外，我感恩自己可以奇妙地跨過雨的邊緣，並因而親身體會到「美好的事情」儘管不會時常發生，卻仍有可能隨時遇上。

走在街上，我的嘴角不自覺地掀起了：「不知什麼時候又會下雨呢？」

刊於《信念》

在黑暗中茁壯成長

尋找犬鼠，尋抓不同

地球村早已存在，事事行先一步的港人也早已替公主、王子餵哺兩文三語，惟恐他們口齒不靈，便要輸在起跑線上。在資訊爆炸、國際交往頻繁的年代，顯而易見，語言絕對是爭勝的重要能力和工具。

2013 年 8 月 24 日，《蘋果日報》刊登一則關於犬鼠的報道。北亞利桑那大學生物學家、研究犬鼠達二十多年的 Con Slobodchikoff，曾錄下犬鼠遇敵時的叫聲，並透過電腦進行分析。原來，犬鼠可以清楚認出人、鷹、狗、狼之不同叫聲，並發出相應的示警聲音，以作識別。意想不到的是，牠們更能以聲音區分走近者的顏色和大小，且曉得用頻率之差別來表示方向及速度。事隔兩月，重遇同一個人的話，犬鼠仍能發出相同叫聲！

只得承認自身無知，從未想過世上有這羣小小語言天才。那麼，我們呢？在我們身上，有否未被發掘的能力呢？

「你會經常寫錯字嗎？」作為視障專欄作家，出席講座時，不時會聽見這個問題。「我在電腦安裝了發聲軟件，它能告訴我，那是『歌頌』的『頌』，還是『仲夏』的『仲』。」我笑了笑，又道：「有時，別人看不出的錯字，我反而可以聽得出呢！例如：『洗』和『冼』、『晴』和『睛』，這些外形相似、發音不同的字，你們會走漏眼，我卻不會走漏耳呢。」

上帝已給予我足夠的能力，我信！所以，能夠繼續寫下去！

那麼，我能寫得更好嗎？

在萊特兄弟成功衝上雲霄以前，許多人也差點便能造出飛機。誠然，萊特兄弟應用的原理，與他人毫無區別，他們只是在機翼的邊緣上，加裝了特製的活動翼緣，以便維持飛機平衡。最後，他們可以觸摸藍天了！

莫然贏得諾貝爾文學獎以前，曾有文化人如此論述：中國人不難寫出「第一」的文章，卻很少寫出「惟一」的文章。

是的，若要創作更觸動人心，看來還需先抓出自身的不同之處了。

刊於 a. i. a. agency newsletter

別人的期望

坐在車廂，正欲小休片刻，鄰座的女士卻在談電話。誠然，她語氣溫柔，壓低聲線，騷擾程度比新聞和廣告的聲浪輕微得多。

電話對頭是天真的童聲，身邊的母親輕聲哄笑，畫面可算是溫馨甜蜜，我卻戴上黑超、帽子，渴睡異常。

「好吧，遲些再談吧，你快點做功課，好不好？」母親柔聲道。我彷彿嗅到淡淡的花香——夢鄉不遠了！同時，話筒裏，童聲仍舊響亮。就這樣，「拜拜」之聲一再傳來，慈母卻始終「細語」綿綿，似斷未斷。

終於，掛線了——不到一個站的時間，女兒卻又打來！

「唉！」我用力地歎氣，以示不滿，兩邊嘴角都給黑色的情緒沉沉地壓了下去。

頭上仍是車廂的廣播，遠處是斷續的人聲，背後有隆隆的機器聲。可是，似乎只有慈母的喁喁細語擁有密碼，直闖心房，躉起千重浪。

都是期望作怪吧！當說話牽動了期望，而期望卻又一再得不到滿足，人的思想難免趨向負面。因此，無論是機構抑或個人，在傳遞訊息之時，務必準確，以免令他人失望。

提到「表達準確」，我們或會一笑置之，毫不在意。還不是時地人的瑣碎細節吧！只是，溝通時的內外因素（如：身處的環境、談話時的情緒）、對話人的親密程度，均有可能導致我們犯上低級錯誤。譬如，在辦公室忙得不可開交之時，另一半來電，情話綿綿，搞得你無法專注工作，為求盡早掛線，你或會如此說「今晚可以早點下班，不如找個地方見面再說吧！」掛線後，當你心安理得，眼珠再不離開屏幕之際，對方可能正在細心妝扮，穿好衣服，繼而走到街上。傍晚，對方再次來電，要求見面，你才想起：「我說早一點下班，是指大約七時呢！」

你會說出這句心底話嗎？後果可大可小，責任自負！

修讀市場學時，聽過一個故事，某大廈經常收到就着升降機的投訴——等候時間太長了！但資源所限，管理公司未能更換效率更高的升降機。結果，他們在升降機旁邊加裝了巨大的鏡子，相關的投訴竟然大為減少了！無他，等候的人都照鏡去了。

是的，當他人的期望並非源於我們的誤導，我們便得轉移對方的期望，免得挑起爭端了。

試試關心他人的期望吧！如此，相信你和身邊人的關係將會拉得更近呢！

刊於《信念》

我也踏出一步，再一步，在我視力有限的雙眼裏，早上的天空始終矇矓一片。接下來，我啟動了大腦的搜尋功能，卡通、漫畫、糖果包裝紙……記憶裏的彩虹相繼跳到眼前。真實雖有不及，美麗卻是有餘！

高炒低炒大炒小炒

今天，若要尋找沒有拍照功能的電話，銷售員或會眉頭一皺。面對桌上 cup cakes，我們也會「龍友」上身——若說自己不會拍照，也許就如高官回應醜聞，讓人難以置信。

最近，YouTube 上一段 14 秒短片大熱流傳——車上的南韓少女，無需手術，不用花錢，只是妙手一揮，3 秒間，豬膽鼻闊面變為眼大鼻高瓜子臉，就是「低炒」和「高炒」之別吧！

角度問題？既在於眼睛，也關乎心靈。一晚，他們吵嘴了，雙方也大條道理，誰又會認為錯在自己呢？但夜已深，她決定讓步，不單連連致歉，睡前還跟對方說了些溫柔話。

午夜醒來，卻又感到委屈，加上無人在旁，她倍感悲傷！

翌日，男方果真若無其事，她忍不住告訴對方，自己整晚沉溺於苦澀之中，輾轉反側。他在工作，語調平靜，彷彿剛剛從計算機中，得到了 9 加 14 的答案。

「你不能說些安慰的話嗎？」「那麼，你想我說什麼呢？」「哼！好吧！我難道不會走到鏡子前，跟自己說嗎……」

跟這人走在一起，她覺得，自己放棄了原有多姿多采的生活，與熟悉的老友疏遠了；對方每有心事，自己總會立即拋下手頭工作，全心聆聽，不論何時何地。難道這些也無法換領半句安慰的說話嗎？自己當真如此毫無價值？

「哪料這夜要掉眼淚也要靠我的手……」〈多得他〉的歌詞，整個早上，不停轟炸她的耳窩！

中午，他約她一起晚飯，她心裏有氣，卻答應了對方。那夜，他給她煮了簡單的菜餚，說了些好話，於是，她又感到甜絲絲了。

只要戴上有色眼鏡，粉藍的世界隨即出現；只需走上摩天大樓，城市的全貌盡收眼簾。這一刻，不妨從另一角度，捕捉不同的構圖吧！

刊於《am730》

苦行與剪髮

「到底要多累才可忘記你？到底要多久才可不這麼難過？」網誌上，19 歲的成都少女問。就為忘掉舊情，她由成都徒步到西藏。那是怎麼的一條路？約 2,200 公里，估計步行需時 60 天。

豪情壯志！大概比沿途所見的山河還壯麗，較路上所遇、曾借宿贈食的陌生村民所流露的熱情更教人動容。

志堅至此，結果如何？

「雖然每天都很累，卻還是習慣性失眠到凌晨。」

毫不意外！

打從決定以苦行忘情，她已把舊情拿到顯微鏡下了。就像一夜失眠後，因擔心再度失眠而再度失眠、因再度失眠而更擔心，那只是漩渦一個；自起用「下輩子做你的XX」這網名，並上載苦行忘情誌，她已替自己築起萬花筒，素不相識的網民隨意敲敲鍵盤，不論認同還是嘲笑，均足以多角度映照出更多「史詩」主角般的自己。

自己？是誰？

13億人中，若你是僅有之7，你會自覺可憐，還是自知任重道遠？19個月大的廣州女嬰罹患危疾，需動手術，無奈，手術期間需用的血卻千金難求──皆因女嬰體內所流的是全國僅7人擁有的孟買型血。偶然，旅途上，港人讀到內地報章，得知此事，立時暫別分娩在即之妻，赴粵捐血。事後，捐血港人說：「我好樂意幫人，希望第日有人可以幫番我。」

不錯，血型罕有或會帶來極大危機，但同時，她，也只有他，能輕易完成別人的「Mission Impossible」。

怎樣看自己？是自己的選擇！

12年前，20歲的四川彝族男送別赴英留學的女友，發誓不見女友不剪髮。兩人重遇後，卻分手收場，於是，揮刀一剪，髮青皆斷！

不論你是億中無十，還是跟在西洋菜街隨便找來的一個沒甚分別，請不要把自己叫作「下輩子做你的XX」。

只要找回自己，苦行兩月，還是舉手一剪，又有何分別？

2010年5月

舌劍 125

未必發生的事有何影響力？我們會為着此等瑣事而跟人大聲爭論嗎？這似乎是「3 加 5 等於多少」的算術題——問題是我們總是想得複雜、看得負面。

31 度的氣流撲面而來，20 厘米內，途人恍如在九龍塘站轉車，急步而過。甲說：不如今晚不看話劇吧！我想到你家去，找找那個碎紙包，順便收拾一下你的房間。

乙說：怎麼？很久以前已經約定了！

不到 5 秒，連環掃射展開，雙方各自表述。你不珍惜我買的東西、你不重視我們的約會、你只顧自己去玩、你小事化大……「你、你、你，快跪下，狂風掃落雷電，美少女轉身變，已變成戰士。」果然，無論美少男，還是美少女，均是立即變為戰士又得，慢慢變為戰士亦得，得咗！

丙說：「哈囉，我來了！」正當二人鬥得難分難解，兩位早已約定的好友也到了。甲、乙只好皮笑肉不笑，一起出發行山去。

沒想到，行程需時比預計的多出一小時，丙、丁見天色已晚，強留二人共進晚膳。結果，話劇沒看，房間亦未收拾。翌日，乙伸手進入背包，碎紙包竟從雨傘的金屬條間滾了出來。

有時，一個完美結局早已預定，只是，我們總愛想得複雜、看得負面，於是，吵耳的插曲響過不停。

想要活到 125 歲嗎？近日在讀《人腦使用手冊》一書，作者提及，所有脊椎動物的正常壽命均是大腦停止成長的年齡之五倍。按此推算，大腦於 25 歲才停止成長的人類，便該享受 125 歲之長壽。事實卻非如此，該書指出，原因之一便是負面情緒導致身體釋出沒益的荷爾蒙，影響器官之健康。

活過百歲，未必是我們的期望，但若想健健康康，省點醫藥費，甚至容光煥發，擴展人際關係，何不試試在自己「一口咬定」之時，放下一些岩石似的頑固想法呢！

刊於《am730》

彩虹，不是我的？

「雨剛收了，便有太陽，可能會有彩虹呢！」她並不是對着任何一個人説的，然而，聽罷，在帳篷下避雨的人羣裏，某人便一馬當先，衝出重圍。

「嘩，當真有彩虹呀！很美麗的一道彩虹呀！」數秒以後，跑到沙灘上的那人發出一聲「中獎」似的歡呼。她那又急又快的話才剛響起，避雨的人都跑了出去，眾人都讚歎，從未見過如此完整的一道彩虹。好些人甚至致電剛剛離開的朋友，提醒對方不要錯過難得一見的美景 —— 當然，智能手機和數碼相機還有更重要的任務啦！

我卻站到一旁，靜靜地佇立。

「我們也一起拍照吧！」女友拍了數張美景圖片後，拉了拉我的手，於是，在彩虹慢慢「褪去」以前，我們臉上也掛起了燦爛的笑容。

誠然，大家興高采烈之時，我感到一點抽離 —— 何必這樣大驚小怪呢？感恩的是，不消片刻，我發現自己已踏進了嫉妒的泥沼 —— 看不到的彩虹是平平無奇的。

於是，我也踏出一步，再一步，在我視力有限的雙眼裏，早上的天空始終朦朧一片。接下來，我啟動了大腦的搜尋功能，卡通、漫畫、糖果包裝紙……記憶裏的彩虹相繼跳到眼前。真實雖有不及，美麗卻是有餘！

結果，跟女友拍照時，我由衷地笑了出來。

回想起來，以往也喜歡透過抽離，逃避內心的不快。車廂裏，乘客掏出智能手機「篤篤篤」，我便暗自嘲笑他們幼稚，斷定對方浪費時間。別人為着一個爛 gag 而笑得腰也無法挺直，我便暗笑對方膚淺。某程度來說，我是羨慕他人可以享受打機之樂，妒嫉講爛 gag 的人能夠成為眾人焦點吧！

那天，在彩虹前面，我嘗試撕去心頭上的那片薄膜，讓快樂的空氣粒子撞進心瓣，半晌，我喜悅的血液便湧上頭顱了。

刊於《am730》

神探是你

《刑事偵測檔案》、《法證先鋒》、《古靈偵探》，劇情或會大同小異，一連串的疑團先後湧現，眾多主角逐一拆解。電視裏，我們未必看到自己的身影，現實中，我們卻隨時當上神探……

2 月底，北角發生連環爆竊案，被賊人光顧的單位分別損失超過 70 萬元金飾及 14 萬元港幣、外幣。據報道，疑犯來自屯門，他或會以為神不知鬼不覺，正欲下樓享受午膳。誰知，剛踏出家門，埋伏的探員便一湧而上，將他拘捕，並查出懷疑贓物！

從案發到拿人，前後也只約十天；從北角前往屯門，每天人數卻成千上萬 —— 更何況，起初，警方也不知疑犯來自屯門！

破案神速，是閉路電視立了奇功嗎？不錯，它有份；八達通記錄成為破案關鍵嗎？是的，它提供了重要資訊。事實卻是，在屯門工作的清潔女工，於垃圾堆中發現了一張完好的結婚證書。為了讓「大頭蝦」物主取回那「無價寶」，她將證書交給了大廈保安。保安認為事有蹺蹊，將

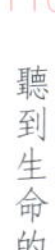

之轉交警方。調查後，證實證書乃屬連環爆竊案的失物。就這樣，一條天地線便將屯門和北角連接起來，疑犯也迅速落網。

多少個早上，我們翻開報章，把樂於助人的心遮掩起來呢？多少個夜晚，我們拿起智能手機，任由敏銳、機智的腦袋黏附在彩色的螢幕上呢？若然那清潔女工和保安員也是如此，這次連環爆竊案還不知何時破案呢！

誠然，奇案不是天天發生，也未必發生在身邊，但曾否想過為一位滿臉疑惑的小孩動一下腦筋？有否想過為一位忙得頭頂生煙的同事發一下熱心？

是的，多數人的答案也是「未必」，正因如此，我們的一聲問候、一句稱讚也顯得格外特別，陌路人聽見了，定然倍感鼓舞！那麼，何不立時行動呢？

刊於《am730》

有時冒險

你在苦心安排時間表，以便用盡每分每秒嗎？或在細心分配紅簿仔裏的數字，好讓 4 月下旬不至於天天麪包當飯？

計算，始終無法放下？不如暫且放下一刻吧！

往書桌上的桌曆一看，滿佈紅日的 4 月快到了，四壁上的汗水已乾，日頭也早出晚歸。唉，我還是有點擔憂，怎麼對自己的信念仍有懷疑呢？

3 月初，得知教會將籌辦以禱告和退修為主的短線團，心底便掙扎不已，既想在一眨眼便已被吞噬了四分之一的這年稍作喘息，錢包卻餓得肚皮凹陷，真是為難！

禱告不久以後，竟收到一間製作公司的來電，「在數位面試的人裏，我們最終挑選了你，參與這次的拍攝工作。」得知獲取這個工資足以支付旅費的兼職機會，我便下定決心 —— 縱然知道工資趕不及在上機以前發放。

誰知，帳單飛至，生活費一口一口地侵蝕，錢包竟到了「乾硬化」天期。

信心雖有動搖，我仍靜待轉機。

數天後，我兼任職兼職客戶服務的公司發出電郵，「由於本財政年度即將過去，為方便結數，公司會將3月份的工資分為兩期，第1期為3月1日至21日，並將於3月28日前支付……」那一刻，我當真喜出望外，原定於每月的6日才發放的工資竟然提早2星期發放，如此發展的確並非自己可以計劃籌謀的呢！更妙的是，因着需要應付拍攝工作，我早已在該提早出糧的公司請假——從3月22到31日。看呀，多麼準確，3月22日正是第2期工資開始計算的日期，換句話說，我竟能提早在3月28日，獲取3月份的全數工資呢！

當然，我們不能毫無計算，但有時，計算卻會讓我們過早卻步。因此，在安全範圍內，不妨冒險一下，這樣，或能經歷意料不到的驚喜。對我而言，這都是耶穌的悉心安排！

刊於《am730》

沒有計算的細語

天濛濛，雨綿綿，寒風直撲，獨自步往地鐵站入口，心底，沙塵、廢紙亦因一場口角捲起了，久久縈迴不去……

我長長吁了口氣。

「唔該，唔該。」稚氣的聲音鑽進耳窩。回頭，揹着書包、高及我的腰間的男童正站在身旁。「你可以行呢度。」他示意我可以走在為視障人士而設的引路徑上。

我微笑，胸口隨即湧上暖意。半晌，我回過神來，稍彎腰，微垂頭，撐起兩邊嘴角，用力道謝。聽罷，他轉過身去，很快，那卡通人物似的身影便在我頗為有限的視野範圍中消失，他卻跳進了我的腦袋。

冷風繼續送上細雨，一抹輕鬆的淺笑卻始終掛起。

我笑，因那份主動，那小孩本來不在附近，明顯地，是從後急步上來的；我再笑，因他沒細心計算 —— 他看見手握白杖的我，知道我視力有限，卻似乎不曉得視障帶來的影響。他說：「你可以行呢度。」誠然，若他是以手指示意引路徑的方向，我委實不能看清，也因而無法受惠於其好意。

值得讚好的卻正是這種沒有計算的態度。

「我能幫得上忙嗎？對方會否請『食檸檬』？他會否以為我另有用心……」機會都像臉書上的留言，不到一分鐘已被掩沒，只需一刻的猶疑，我們便各跑東西了。

農曆新年後，我走進一家素來光顧卻在年初八才開市的小店。那天，心情不錯，點菜時，我隨意加上了一句：「很久沒見呢！」那男侍應便跟我多寒暄了兩句。送上炒麵時，我又打趣道：「不是說份量少一點，怎麼還是這麼多呢？哈哈，我要變胖子啦！」那男侍應又笑了笑。那天，上菜時，他還細心地問我習慣用筷子還是鐵叉呢！

離開小店時，心情更感暢快，令人快樂，原來可以如此簡單呢！

刊於《am730》

「唔該，唔該。」稚氣的聲音鑽進耳窩。回頭，揹着書包、高及我的腰間的男童正站在身旁。「你可以行呢度。」他示意我可以走在為視障人士而設的引路徑上。

我「被失蹤」了嗎？

當失去了或會影響人身安全的重要物事，途人不知情由，反而在狹小的空間裏，惡言相向，一唱一和，意外地，我卻頗為平靜，一分鐘內，更能一笑置之。

那個「自我」在哪裏呢？

「我不喜歡那個人，所以我打算更好地瞭解他。」美國第16任總統林肯說。當面對上述困境，浮現於腦海的，大概是近日從書上讀到的這句話吧！

清早，商場的走廊盡頭，傳來升降機的關門聲，我急步而上。

咔嘞。

成功了！正沾沾自喜，期盼大門因卡住白杖而打開之際，一股沉實的力量，從白杖靜靜地傳往左手，咔嘞咔嘞的金屬磨擦聲不絕於耳！

咚！白杖被吸進升降機的門縫！視障的我環視四周，只覺一切顯得格外朦朧──「有冇搞錯，做咩唔開門？」

升降機內，婆婆高聲指責。擾攘了好一會，大門竟又在面前打開，我笑了！

「你下次唔好咁啦！好在阿伯夠力拉開度門咋！差啲畀你嚇壞呀！」沒想到，白杖並未到手，迎面而來的卻是連珠數落。升降機裏，四位途人面前，40 呎以下的空間，80 分貝以上的十數秒，我的情緒竟如升降機似的，雖在移動，卻又穩又靜。

意外？如今想來，卻知道是近日讀到的名人語錄提醒了我。是的，情感上，我並不喜歡那位婆婆，至少在她指責我的那一刻，但嘗試走進她的世界時，我卻曉得，她的連珠炮發亦非毫無道理。

事件中，雖然也屬受害者之一，同時，我也是觸發事件的原兇。這樣，他人不予同情又有何問題？誠然，有時，同情就如一個山洞，躲進以後，我們便能逃避責任，只是，下一次呢？

澳大利亞神經病學家富蘭克爾說：「我們最大的自由是可以選擇自己態度的自由。」而我相信，態度實在決定了自己的高度。

刊於《am730》

你想知道嗎？

「冰山一角」，這話說得真有理，我們了解自己的內心實在少之又少。

讀過陳頌紅在《信報》撰寫的文章（2011 年 10 月 10 日，題為「你知道你不知道你知道嗎？」），我再次科學化地了解到自己實在無知得很——特別是對於自己！

在此，先轉述一些該文所引用的數據：

1. 心理分析家 Ken Eisold 指出，腦袋只能處理從感官接收回來之一千一百萬位元（bits）訊息內的其中四十個位元，其餘的就會收藏於「無意識」中。

2. 在認知科學家 George Lakoff 和 Mark Johnson 的理論中，只有百分之五的想法或概念，可以成功地跑到我們的意識層，我們因而「確實地知道我們知道」。其餘百分之九十五的無意識，作用是為腦袋進行自動篩選，避免資訊氾濫，以致思想亂作一團。

該文作者亦指出，由於意識和無意識的不停溝通，不少記憶和技巧也是無需刻意記起，卻能應用自如（如：倉頡輸入法）。

誠如筆者所說，這些無意識的運作的確簡化了我們的思想和決定程序。同時，這個無意識的運作卻讓我們不知不覺地採取了某些行動，又或是莫名其妙地產生了一些情緒。

以往，跟朋友一起等候巴士時（假設等候的是 13D 路線的巴士），不時會聽見如此的話：

「對面馬路有 13D 回來了，那麼，我們這邊也很快有 13D 來了。」

若是平日，這些家常閒話，縱然並不同意，也只會聽了便算。只是，某天，我卻為着這樣的一句話心中有氣，險些兒開口責罵提出這論點的朋友。為什麼呢？

另一次，朋友跟我分享他的教學經驗。他的學生指出，自己很怕文章寫得不好，因而感到不開心。「我立即跟他說，你不可以不開心呢，作為創作人，最重要就是保持心情開朗。」

聽到這裏，素來耐性特好的我竟用力地冷笑了一聲，然後搬出了一堆「輔導理論」，逐一指出對方的錯處。隨即，我驚訝地發現，除了吵架期間，自己這麼強硬的一面實在是極少流露出來的。那又為什麼呢？

根據「冰山一角」的理論，在我們的行為或情緒背後，都連繫着不同的信念。因此，當我察覺上述兩個行為均與本人素來的作風有所不同時，我嘗試觀察自己。我分別發現到：第一、自己是一位頗為理性的人；第二、自己也頗為重視人的獨特性。

上述兩個信念，認同與否，誠然較為次要。只是，當我們擁有一些信念而不自知，堅持一些信念而不自覺，那就很容易跟信念不同的人吵嘴了。

因此，當自己執意堅持某些想法，或過激地表達某些想法後，我會嘗試察看自己一下，看看自己相信什麼，繼而問問自己，那是一條不能讓步的真理嗎？

刊於自在社網站

一念一行

嘟嘟嘟——

我倆牽手，成功於旺角站的月台闖閘。日光下，一個閃閃生輝的座椅隨即浮現眼前。女友坐下後，我便將一個脹脹的布袋遞給她。

一邊跟女友聊天，佇立車廂的我一邊猶如餓狼的注視女友鄰座的一位中年男士。每逢聽見「下一站」的廣播，心底都會期盼對方盡快站起。

站起了，站起了——卻是坐在這位中年男士背後的另一乘客！騎牛搵馬嘛，我還是先搶了灘，再謀後動。

再過了一個站，這位中年男士卻仍是石像一般，背向女友呆坐，一動也不動。我想：「既然你坐得這麼不耐煩，倒不如跟我交換座位吧！」好幾次，本欲將心中所想告知對方，卻又開不了口——既擔心被中年男子拒絕，又不知女友會作何反應。得不到滿足的期望開始在心頭亂撞：「唉，活到這把年紀，怎麼也不會做人？明知我跟女友是一起的，也不會讓個座位給我們！」

期間，我好幾次從後拍拍女友的肩，她便稍稍側身，跟我談了幾句，然後，我又無奈地挨回椅背，閉目養神。

過了數個站，他終於下車了，我和女友終能坐在一起。在微熱的日光中，清爽的冷氣裏，我們彼此依偎，進入了半睡狀態。

車廂裏雖有廣播，其聲量卻變化不大，在列車的擺動中，後頸、肩膊、背肌、指尖等，也漸漸放鬆了。

「London Bridge is falling down……」忽然，不遠處響起了兒歌一曲，刺目的陽光裏，兩名不到十歲的小孩正手舞足蹈，張嘴而唱，彷彿腳踏之處便是香港紅磡體育館！

一位疑似母親的女子勸喻二人輕聲一點，只是，過不了片刻的安靜，她又對兩位播音機一般的「超級巨聲」說：「不如你們加上一點動作呀！」

加上動作後，二人隨即進入了「炸機」模式。更無奈的是，在「巨聲」二重奏開始後，片刻，身旁的兩位乘客便已離座。兩顆「巨聲」便以光速閃到身旁，我和女友的座椅亦同時獲得免費 Up Grade，成為千金難求的「握手位」。

在環迴立體聲中，那位疑似母親再次勸喻兩位「巨星」調低音量，同時，卻又高聲跟二人互問爛 gag I.Q. 題。結果，尖叫大笑、高談闊論不絕於耳！

我以橫眉怒目作為回應，兩顆「巨聲」似乎將之視作嘉許，疑似母親則可能因着星光過於燦爛而並未看見。我用力地從鼻裏噴出一口氣，丟下一句：「好似被人四面包圍的」，便跟女友站起，走往別處。

重獲安寧後，女友輕輕在我耳邊説：「算啦，我們還是坐在一起呢，總較起初一前一後地坐着好得多啦！」

霎時間，我冷笑了一聲。

「不如我 keep 着跟坐在前面的女友談話吧！説不定，這位中年男士聽到我們如此『雞啄不斷』的，會識趣讓座吧！」

我搖搖頭，雖然剛才並沒有將這個古怪念頭付諸行動，只是當看到心底自私的模樣，我不禁為着自己剛才嚴厲地批判了「巨聲」一家而感到羞慚……

刊於自在社網站

主觀・面面觀

一號風球懸掛，走在觀塘，忽地下起驟雨，且愈下愈大。好不容易，走到室內，全身卻已濕透，因此，縱然走進了一個又細小又不通風的電腦房，我也不敢啟動冷氣。

不久，衣服乾了，接着，好友來電。由於她身體有點不適，我便問正在乘坐港鐵的她：冷不冷呢？

「少少吧，我的衫濕透了。」

「吓？給雨淋濕了？快點加件衣服吧！」我緊張地說。或者沒有聽清我這句話，她只道：「近來，天氣很熱呢！我剛才走了一會，也出了很多汗，要快點回家洗澡了。」

虛驚一場。

掛線以後，我才記起，她豈沒有跟我說已帶了傘子外出呢？

星期天晚上，我剛完成工作，雖有點倦，心情卻輕鬆愉快，只盼早點回家小休。

路上並沒有太多途人，視障的我於是不徐不疾地往前走去，手杖「的的得得」地打在地上。

忽然，前額碰到了一個途人，我便立時道歉。誰知，那男人卻說：「有冇搞錯呀！」

我頓時歉意盡消，怒火冒升——我也不算走得很快，且手杖打得「的得」作響，更何況已經道歉，幹嘛如此不體諒呢？

走不出數步，我回頭，語氣欠佳地說：「下次小心一點吧！」就在此時，BB 的哭聲打破了晚間的安靜。那男人正輕聲安慰嬰兒。

原來，我剛才是撞到酣睡的嬰兒呢！原來，他剛才正陶醉於與 BB 的溫馨擁抱呢！那麼，剛才的心直口快大概也是出於愛嬰心切吧！

幸而，那男人正全神貫注於嬰兒身上，似乎沒有聽見那句近乎恐嚇的問候。

只是，我還是有點不自在呢！

中午 12 時，快開飯了。

「爸爸，快來幫手吧！」母親在廚房呼喊，大廳裏，父親便嘀嘀咕咕地跑了過去。不一會，只聽他滿口「門字」地跑回大廳，把不同的抽屜拉開又關上。他重複道：「唉，沒有膠布了，不知你們放到哪兒去了。」

由於開飯在即，我以為是在尋找「膠桌布」，因而沒有放在心頭，只繼續工作。而且，本人患有「粗口敏感症」，「門字」一出，便真的把自己的房門關上了，並繼續自己的工作。

「不用找了，我找到了。女兒買了一盒膠布，放在廚房。」母親又從廚房喊道。那時，我才曉得，母親切損了手指！

那時，我才肯放下工作，走出大廳，她已替自己貼上膠布了。

一切也安頓了，我才出來慰問她……

心忖，我的電腦桌前豈不放了一個小箱子，當中豈不就有數片膠布嗎？

或因着自身經驗，或為了保護自己，或由於不夠細心，我們都會因主觀而判斷錯誤。結果？虛驚一場、錯怪他人、機會流失……

雖然沒有人能確保自己能了解事實的全部，而主觀也並非毫無好處，這些瑣事卻讓我曉得，作出任何判斷之時，還是三思較好——特別是與別人利益有關的事情。

刊於自在社網站

超時空能力

今天早上，在離開教會以前，我將視障人士所用的手杖拿出背包，或者一時不慎，我將包裹手杖的綿套掉到地上了。

當我抵達另一地方，才發現最近摯友送給自己的那個綿套丟掉了。由於是好友所送，且是最近才送給我的，我感到十分緊張。一而再再而三地往背包裏找，在聚會裏全然沒法專心聽道。

後來，我想，這件事能夠影響我的心情，純粹因為自己給予了它能力。我知道，只要我決定放下這事，這事根本對我毫無影響力——至少在那個聚會裏，我清楚知道，我惟一可以做的就是在聚會後致電教會，了解是否有人拾到失物。當我這樣想以後，我便沒有嘗試再在背包裏尋找了。

最終，在下午的聚會完結後，我致電教會，發現真的有人拾回失物！

我即時嘉許自己，因為自己選擇在合適的時間，才做合適的行動，因而心靈重新有了空間，盛載更多的好消息！

刊於自在社網站

時時有得揀

那天，道別朋友時，他告訴我，在這個放學時段，在這個中途站，要乘坐小巴回到秀茂坪，實在難若登天。因為那輛小巴乃從港鐵站開出，來到這個中途站，通常尚未有人下車。

但為免卻轉車之麻煩，我還是選擇了這條路線的小巴。心忖，大概多等 10 分鐘吧！

尋找小巴站時，一位站在巴士站前等車的熱心途人前來相助，誰知，她不單帶我走到車站之前，更放棄她原來前往旺角的計劃，陪着視障的我等車。對我而言，這實在是一大鼓舞，至少我能確定自己不會因着看不清楚而錯失任何上車的機會。

期間，正如友人所言，每一輛小巴都坐滿乘客，因而並沒停下。或因等得太久，排在我前面的兩位街坊都只得另謀「出路」。於是，我隨即從人龍裏的第 4 位躍升至第 2 位。我卻沒有太大的喜悦，反而有點猶疑 —— 我還該等下去嗎？

這時，一輛小巴終於停下來了，前面惟一的街坊也已上車了。這豈非一個正面訊號嗎——一些小巴還是有空位的！而只要有這樣的一輛小巴，只要有一位下車的乘客，我便可立時跳上冷氣開放的車廂，癱坐在軟軟的座位上了。為此，我選擇了再等一等。

10 分鐘過去了，我和那位熱心途人仍是呆站一旁，當上兩台吸塵機！

我大聲地歎了一口氣，正要轉去乘坐另一路線的小巴——縱然下車以後，還得步行 10 分鐘，方能回家。那位熱心途人卻勸我，既然已等了那麼久，不如多等一會吧！

礙於情面，我便再次決定多等一會。

結果，我還是等不到，我還是登上了另一路線的小巴，然後步行 10 分鐘回家。

一而再，再而三，我都似乎做錯了選擇！快要墮進情緒低谷、正欲自責一番之際，我想起了「3A」這個工具（承認、選擇、感恩），是的，我還有選擇呢！

時間是追不回的了，難道我還要浪費時間自責嗎？

於是，我嘗試放鬆自己，讓自己享受一下夕陽斜照。這時，經過家姐的居所附近，忽地想起，我要交給她一張DVD呢！我隨即打電話給她。誰知，她也剛剛在附近買餸，於是，我便順利地將那張 DVD 交給她了。

回想起來，若然我回家以後，才親自將 DVD 拿到家姐的家裏，來回的路程也差不多 20 分鐘了；而若非自己等了那麼久才能登車，家姐也尚未下班，我們也無法在路上交收那張 DVD 了……

當然，並非每次也能有這樣的圓滿結局，但肯定的是，若然下車以後，我仍不斷自責，我大概也無法記起DVD 的事情，那時，我很可能需要多走一趟了……

刊於自在社網站

尋找小巴站時，一位站在巴士站前等車的熱心途人前來相助，誰知，她不單帶我走到車站之前，更放棄她原來前往旺角的計劃，陪着視障的我等車。對我而言，這實在是一大鼓舞，至少我能確定自己不會因着看不清楚而錯失任何上車的機會。

三口淥麪

有誰喜歡在埋怨聲中開始一天？安安靜靜地吃個早餐會否較好呢？

嚓嚓、嚓嚓……聽見父親的腳步聲，我馬上離開電腦椅，走出房外，說：「阿爸，今早吃麪嗎？」他並未回答，卻如常地問：「你媽不在嗎？」發現母親不在客廳，父親又道：「待我來吧。」他再三堅持要親自出馬，我還是繼續留在廚房，一邊煮麪，一邊洗滌碗筷。

我與父母、三姐同住。每天早上，三姐也趕不及在家吃早餐，便得出門上班，而母親亦會間中外出晨運，並不一定在家吃早點。

特別的是，在父親心目中，下廚造菜之類的家務應該是母親承擔的，因此，每天醒來，父親均會先了解她有否外出。若她並未外出，卻閒坐一旁，父親便嘀咕起來。只是，若母親晨運去了，他卻會爭着給我造早餐。

我當然感謝父親，他十分關心我，並樂意替我造早餐，好讓我專心工作。同時，我心裏也湧起一個疑問，既然他並非不懂造早餐，何以在母親沒有外出時，他總是期望對方將這些飲食事宜一手包辦呢？甚或在對方似乎未有行動時，他會有所埋怨呢？

最近，參與了一個生命領袖課程後，我初步曉得了心理學的「冰山理論」，了解到行為、情緒、期望和信念之間的關係實在密不可分。在自我認識以外，我也開始學會了解他人。於是，我明白到，父親對夫妻關係和家庭角色委實有一些既定想法和期望，因而較易有所不滿。

以往，對於他的抱怨，雖不至於當面表示反對，我卻總會先批判於心，繼而出口勸解一番，不懂想想他的感受。結果，類似的對話便如唱片跳線，不斷重播。

當明白到，父親話語背後連繫着一些堅定的信念時，我便嘗試放下自己的想法（例如：埋怨必然是不好的），不再即時打完場，反而先去聆聽。縱然情況並未180度改變，但我發覺，在餐桌之前，父親和我的溝通多了，而父親的說話亦甚少影響到我的心情了。原來，要享受一個寧靜的早晨，也不一定要有一個安靜的環境，這大概也算是一次境隨心轉的經驗吧！

刊於自在社網站

苦、苦、苦——

若機會是一百萬分之一，你仍被選中，變得更易患上高血壓、糖尿，或需要付出三倍於常人的生活開支，你覺得這是幸運，還是不幸呢？

這似乎多此一問，若我們單單注意事態開端的話——

多仔公抱嬰企圖尋死一事，讓我們關注到多胞胎家庭的苦。懷孕期間，多胞胎孕婦患前述疾病的風險是一般孕婦的兩倍；嬰兒們誕下後家庭的經濟負擔亦勢將倍增。

或許，這些苦將被各位節育夫妻當作情理兼備的「免生」金牌，但想深一層，事態真的如此苦不堪言嗎？

報章報道中，另一名三胞胎之母認為，自己付出的時間和精力甚至高於養育一嬰的三倍，皆因其嬰孩們總習慣輪流哭鬧、輪流患病、輪流呼喊母親，以致她需要 24 小時隨時候命。她的個人經驗，我實在毫不質疑，但大家曾否想過，照顧一個精力充沛的嬰孩，其所需的身心力量誠然也差不了多少。反之，據經濟學的規模效益論，同時照顧三個嬰孩的平均成本該是較低的。譬如，一嬰需要一成人，但我們大概也不會找來三個成人，一起照顧三胞胎吧！同樣，在嬰孩教導上，家長通常也可同步處理，而非進行個別輔導。故此，他們所負的軛似乎並不如想像中的按嬰孩數目而倍增吧！

報道又指，上述該名三胞胎之母亦深得親友支持，這就是患難見真情了，所以，若遇上類似的「意外」，相信我們的親友亦不會袖手旁觀。因着親人落手落腳的支援，嬰孩衣物玩具之供應，大概也會源源不絕，這樣，照顧多胞胎之負擔終又分散了一點吧！

當然，連自助組織「香港雙胞會」也已成立多年，多胞胎家庭將遇上額外困難，的確無庸置疑。但同屬事實的乃困難經常被我們放得過大了，結果，我們喪膽失魂，以致無法妥善處理問題。

遺傳，是導致多胞胎的主因，對於有此基因的人，除非絕育，誕下多胞胎是不易避免的。引申於生活裏，即使躲進溫室，困難想必仍會不請自來，因此，合理地評估困難便更為重要了。

若困難是生命中不能逃避的苦，那麼，你相信苦盡甘來嗎？你相信捱過的愈苦，所享受的便愈甜嗎？

試想想三張可愛的笑臉同時浮現的一刻吧！

刊於《am730》

事在人・情在心

日前，在街上，我不慎「走歪」了路，一位途人見狀，隨即開腔指引，可惜，我不辨左右，惹得他反過來出言相諷。聞言，難免火起三丈，嘴已半張的我便欲「回敬」幾句……

曾經，為着一位便利店服務員的不良態度，我也怒火攻心，發誓不再光顧那所最鄰近的便利店……

幸而，我兩度拒絕了那些一時衝動，不然，我豈非自找麻煩？對於事態發展，那些行為又有何益處呢？

當然，壓抑情緒、控制情緒均絕不可取，皆因這些近乎自我否定的行為通常也會帶來不良影響。《聖經》〈以弗所書〉也說：「生氣卻不要犯罪，不可含怒到日落。」那就是說，我們應該容讓情緒得以恰當抒發，卻不可讓它長期主導自己的行為。

日常遭遇大多不是隨己所欲，自身情緒卻誠然任君選擇，關鍵之一就是我們如何看待事情。被人觸怒時，我們何不趁機觀察自己「死穴」何在，從而加深自我認識。受到嘲諷指責，我們何不假設對方也曾遭此待遇，繼而嘗試諒解他人。

當然，我們也該自我保護，也可據理力爭，但若任由情緒一如脫韁野馬，將自己急推而行，事情每每也會以遺憾告終。

2006年，全港約有四千宗傷人毆打案，當中逾半數發生於住宅單位之內，故相信不少均為家庭暴力，這些帶來遺憾的事件豈不都與情緒的一時失控或長期受壓有關嗎？

「怒」這個字造得好，彷彿要告訴我們，長久含怒只會讓自己變成心情的奴隸，因而無法作出正確的判斷。相反，「恕」則教導我們放下己見，減少主觀，事情豈不更為「如心」所欲？

按此方法，我們又能替「forgive」和「forget」分別找出怎樣的解釋呢？

刊於《*am730*》

他人的援手

由於視野模糊，我需減慢步速，所以難於趕上班次較密、車速較快的小巴，故如今上街，均會提早出門，以免遲到。一天，我預計錯誤，遲了出門。站在巴士站，手拿白杖，正自焦急，忽地，一輛小巴停在跟前。上車的同時，一位途人竟不忘問我所往何處，我於是成功登上了往地鐵站的小巴！

或許目睹途人出手相助，司機也了解到我的情況，因而也在我下車前細心說明了往地鐵站的方向。

步往地鐵站期間，另一位途人也主動前來幫忙。一條馬路、四道扶手電梯、六個車站，我們始終有說有笑，彷彿久別重逢。她下車後，我雖仍處身地底，卻自覺已腳踏路面，只因陌路人的送暖恰如初秋的下午，夾雜着疾風的清爽與陽光的微熱。

竟然——也是當然，那天，我早到了！

遲到的卻是這份豁達。以往，他人的援手總讓我頗不自在，甚至有點抗拒，原因不外乎溝通不足所引致的不便。例如，有人領路時，若拉着我握杖的手，以致杖不着地，我便會因不能探知路面情況而甚為不安。

但每當走得魂頭轉向，熱心的人及時出現又讓我心坎熱暖，由衷的感激也脫口而出。一次，跟對方談話以後，我忽地醒悟了，受助的我誠然也可擔演積極的角色。此後，每有類似的短聚，我總會爭取時機，主動攀談。除了誠心致謝、表示欣賞，若然時間許可，我也會談及協助視障人士的方法，或分享面對困難的經驗。

縱無法確知這些談話所帶來的果效，但我知道，多一個人接收到正面的訊息，這些訊息便多一個機會影響他人。

持之以恒後，因受助而萌生的自卑更是消失無蹤，於是，我不再介意受助，對途中遇上障礙的擔憂也大大減少，因此，我也更敢於上路了！

刊於《am730》

不可追

歲首年終總給人一個回顧的藉口，農曆年間，回想過往的一年，我最感激的是能真正體會到何謂偶然。

就以爭取傳媒報道為例，推出小說《我愛 I.P.O.》期間，我一直渴望透過媒體報道，將該書介紹給讀者。我於是展開了一場持久戰 —— 每週兩次，每次數十份傳真、電郵的連珠發砲。如此狂轟濫炸了兩個月，卻始終石沉大海。與此同時，針對以往認識的傳媒朋友，不論熟絡與否，我亦發動了短訊問候攻勢，但還是杳無回音。

誠然，這全然落空之局實屬意料中事，因為一位記者友人已早早告訴了我，若非有什麼新突破，媒體通常不會在短時間內重複採訪同一人。而我，正正便屬於那些近日曾接受不少訪問的人。

儘管早知難以打破見報荒，不服輸的性格使然，當時的我並不肯放棄那些效果成疑的攻勢。我卻因而錯過了不少值得收看的節目，痛失了多夜好夢，更謝絕了多次親友聚會。

但不服不服還需服，我還是無奈地暫時休戰，詎料，事態竟倏地起了劇變。先是獲頒「十大再生勇士」之獎，後是被邀拍攝專輯《我要打勝障》，我因而獲得了遠超本人想像的曝光機會。

「送車尾」大概是人所共有的經驗，有人會因而加快自己的步伐，只是，「送車尾」的次數卻未如想像般的減少。再三加速後，他仍一如以往地「送車尾」，那樣，他才曉得何謂偶然，才願意放慢腳步。

類似上述爭取曝光之事絕對不是惟一案例，可是，直到如今，我才終於深刻體會到偶然之不可追。我當然並不鼓吹消極的守株待兔，但在盡力而為之際，也請勿忘記，「偶然」必能比你更為固執。不然，當你赫然發現自己「收入與支出不相稱」之時，你便要面對自己心靈的控訴。

刊於《am730》

都是你的錯？

某天，我前往一間視障機構借用電腦，取得空調遙控和啟動電腦所需的「電腦匙」（膠咭一張）後，便逕自走進我借用的A房。豈料，多番嘗試也未能啟動電腦，於是，我用心察看，竟發現印在「電腦匙」和主機上的編號並不相同。隨即，我憶起了半分鐘前無法啟動空調的事實，因而雙重確認了一個念頭——此乃中心職員的失誤，但為免對方尷尬，我沒有大聲指責，只是客氣地提出了自己的疑問……

另一次，應用電腦期間，我離座小休，回來時，卻發現一人已站在桌前，正欲使用該電腦。猶疑了一會，我還是跟她打了招呼，並欲提醒對方……

結果？在首個場景中，一切失誤原來均基於本人錯將B房當A房，而在另一片段裏，對方則搶先告訴我，她已預先借用了該電腦。聽後，我恍然大悟——因眼見閒置的電腦眾多，走進借用區時，自己只是隨意坐下，根本沒有理會哪台才是自己借用的電腦！

阿當歸咎夏娃，夏娃歸咎蛇，本性矣！不過，本性縱難移，卸責卻絕非好習慣。試想想，父母離異，且飽受歧視，奧巴馬也曾因而染上毒癮。只是，他卻沒有將其沉淪歸咎於種種外在因素，以便繼續麻醉自己。不然，若他諉過於人，不肯認錯，不單難以當上總統，他甚或會終生浮沉毒海呢！

切身點說，戒掉卸責也確能叫人有所裨益。首先，這能讓我們看清自己的不足，繼而自我完善。相反，純粹地諉過於人則既會予人不知悔改的印象，繼而破壞團隊精神，所以，還是先去掉自己眼中的樑木吧！

最後，儘管你確信錯在他人，在提醒對方時，也切勿過於激動，否則，若最終發現自己才是罪魁，那就……

刊於《am730》

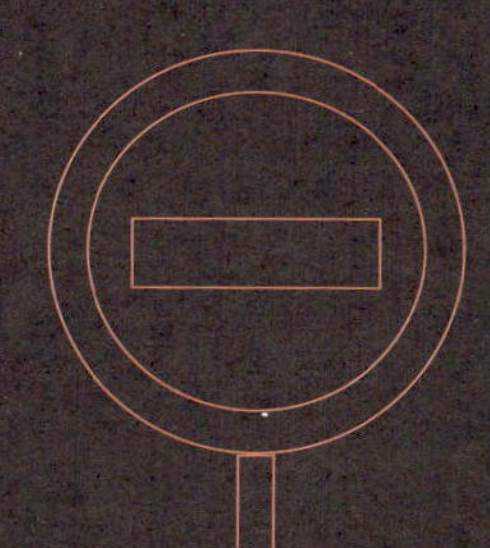

從黑暗步向光明

送我一份心意

那狡黠的笑容、神祕的眼神，跟那些在燈光下閃出斑斕色彩的禮物，形成了深刻對比。他悄悄地將自己預備的禮物藏到班房門後，並乾笑道：「那是我從 10 蚊店買回來的好東西！哈哈，不知誰會抽中呢？」

生日將至，一些關於禮物的回憶從心底冒起。首先，那塊藏在班房門後、高達五呎的熨衫板便浮現腦海。中六的聖誕聯歡會裏，我並不是那一位幸運兒，只是，若然我當真成為那塊熨衫板的主人，我會欣然接受，並拿回家去，跟家人大笑一場 —— 當年抽中什麼，忘了，不外乎無需拆開花紙，憑重量、呎吋就能猜出是水杯，或是相架一類的實用物件。

各人喜好不同，我就情願抽到重甸甸、包裹得有如一條朱古力的五十個一圓硬幣，又或是以數十層報紙、雜誌包裹起來、讓人拆開時不知好氣還是好笑的禮物。在腦海裏，它們會偶然浮出水面，教我嘴角一掀。

當然，若果收到的實用禮物是自己所想所求，卻又甚是窩心。數年前，細心的媽媽便送我一個電動修剪鼻毛工具。好一段日子，曾被朋友笑指「鼻毛長」，於是，每隔數天，便會在家裏拿出小剪刀嘗試修剪，效果卻未盡理想。只是，拿起那電動工具，放近鼻孔，從刀刃得手時發出的「的的得得」，我便能判斷成效。因此，我對這份急本人所急的禮物特別珍而重之，保存至今，仍未需退役。

年紀大了，好友各有家庭事業，已少了聚頭，生日飯卻是少不了。為免好友傷腦筋，也免得收到不合適的禮物，這一年，我首度在 fb 上載了兩項想要的禮物，反應不錯呢，不到三天已有人「認購」了！這份「送禮物給我也需要報名」的感覺，實在好到極點，看來，這便是我送給自己的一份最好禮物了！

刊於《am730》

跌咗電話得啖笑

最近，在九龍塘轉車回到觀塘，發現購入不到半年的手機不見了。站在昏暗的街頭，我一再在身上搜尋不果，只覺甚是惘然。

下車時，一位上車乘客扶了扶自己；下樓梯時，另一途人又扶我一把……當然，什麼也不能確認 —— 除了失掉電話這個事實！

翌日，抱着 0.1 絲希望，致電港鐵報失後，借用了家人的過氣手機便上街去，下午，家姐竟然來電 —— 手提電話已在羅湖等着自己呢！

頃刻，耳膜上，千百個音符在跳森巴；舌尖上，濃滑的雪糕正溶化。一路帶笑，與女友及另一好友前赴羅湖。與急匆匆的途人摩肩接踵，跟大大聲的港鐵職員對話，在關卡前呆呆佇立……我的心卻似被關進了玻璃室，湖面如鏡，並無半絲漣漪。

「請你填寫這些人的電話呀……」港鐵職員遞出一張表格，上面寫着老婆、大女等。聽見這條難題，我才如夢初醒，真相揭曉前，一顆心似乎找不到着力處呢！

唉！那只是另一失魂魚丟失的同型號手機！

免不了「事已至此，就當作祝福別人」一類的例牌説話；逃不了，車廂中還是那麼多人，乘客仍是如此「燥底」。

在女友和好友面前，我強撐起來，詎料，不一會，腦裏卻浮起朋友的打趣話。

「啊，原來安仔不單有個老婆，還有一個女兒呢！」當祖障的我拿着那張表格「O 嘴」時，同行的友人故作神祕地説，且笑了起來！

我也笑了。這次電話失蹤，當真充滿戲劇元素。若女友的確疑心極重，又或我委實另有家室，劇情將如何推展下去呢？

不錯，失掉電話實在教人歎息，同時，這樣的趣怪經歷也是難得。此念一起，心頭立時找到落腳點，笑容也異常飽滿。

「當你運程壞到管咀都向下，可以借力製造一批笑話……」(〈幽默感〉，黃偉文)

刊於《am730》

不妨自作多情

在智能手機面世後，在免費報章數以十萬計地湧進列車的今天，甚少乘客會抬頭一瞥身旁的同「車」陌友了！

「啊，你真是厲害呢！」話音有力，說話清晰，一位婦女笑道。那時，我拿着視障人士的白杖，急步走進車廂，才剛剛握着了車廂中央的鮮紅扶手，便聽見她充滿朝氣的嗓音。

「你看不清楚，也能到處去呢，真厲害！」

我謙讓了幾句。

空調稍涼，日光微暖。在電視新聞和乘客的談電話聲中，在急速流過的風景前，我們握着扶手，各站一邊，聊起瑣事。

她談到當義工的感受，說到自己的兒子……一臉笑容，正如窗外的陽光。我並沒太上心，純粹說出一些欣賞的話。及後，有人下車了，她坐到空位上，我便回到自己的世界。

記起她要在大埔站下車，心頭便有了冀盼——這位熱心當義工、熱情話家常的婦女下車的時候，大概會主動讓我「替補」空缺吧！

回頭一望，坐在長椅上的她，已經喜孜孜地和一位學生聊了起來。「你叫阿媽煲這湯水吧！止咳十分見效呢……」

她的主動再次證實了我的預感——很快，我便可以安坐一下了！

「下一站是大埔墟，右邊的車門將會打開……」

我回頭一看，那婦女正向身旁的學生複述那條藥方。

「站起了，站起了！」我心底暗喜。

詎料，婦女剛巧站在我和空位之間，她卻忙於跟那位學生說笑：「咳好了以後，不用請我上茶樓了，哈哈，說笑而已！」

就這樣，另一乘客的屁股便坐到那張剛剛騰出的空椅上了。

不錯，我有點失望，失望卻如清晨的露水，日光一照，便煙消雲散。

這婦女實在熱心呢！待會，她跟我道別時，送她一個燦爛的笑容吧！

列車緩緩停下，婦女嘴巴卻沒有安靜下來。接下來，車門也打開了。「拜拜！拜拜！」她的聲音依舊充滿歡樂。

「拜拜！」我本能地作出回應。視障的我並沒看清她正背向自己，與那位學生道別。

誰知不單表錯了情，就連她的背影，我也沒有看見。數秒後，車廂的廣播才在大腦皮層產生作用 —— 右邊的車門將會打開！(注)

回頭時，那婦女已從背後的車門離開車廂了。

「不要自作多情去做夢……」呆了半晌，周慧敏的首本名曲在耳邊響起了，我不禁嘴角一掀，想不到，自己也是如此自作多情的人！

別人主動健談一點，便以為自己是她在車程裏的主角；別人樂意當義工，便假定她會特意關心視障的自己。

哈哈哈！

我望望車窗外模糊的影像，忽然「阿 Q」起來，至少我看到了身邊人美好的一面呀！雖然偶爾會換來「點菜時才發現該道菜經已售罄」似的失望，只是，在這樣的氛圍下，微雨天也似乎不那麼陰暗，颱風的日子也好像沒那麼乾燥。

列車緩緩開動了。我掛起一絲笑意，緩步走往剛關上的車門。「有門可挨，不也相當舒服嗎？」

刊於自在社網站

注：在多數的車站，停車時，也是左邊車門打開，讓乘客下車的。大埔車站卻是例外，故當我望着左邊車門時，卻沒想到那位婦女已走往右邊的車門下車了。

「不要自作多情去做夢……」呆了半晌，周慧敏的首本名曲在耳邊響起了，我不禁嘴角一撇，想不到，自己也是如此自作多情的人！

別人主動健談一點，便以為自己是她在車程裏的主角；別人樂意當義工，便假定她會特意關心視障的自己。

一句觸動自己的話

一句話——聽了，嘴嚼，再反思，還不到一分鐘的歷程，卻可能讓人銘記一生，那是怎麼樣的一回事呢？

在自在社的課堂上，被問及：有哪一句說話十分觸動你的心呢？

「我知道，自己在與音樂相依為命！」沒有細加思想，這句話便彈了出來。至少有六年了——在電台節目裏，一位台灣歌手憶述其留學生涯。「當時，在我身邊沒有朋友，沒有家人，我也沒有錢，惟一在我身邊的就只是一把結他。」她低沉的嗓音不見得激動，說話的速度沒有加快，輕描淡寫得一如旁觀的人。只是，「與音樂相依為命」的幾個字卻撞在我的心扉之上，血液也倏地升溫起來！

課堂上，跟同學分享這句話時，心情仍有點難以形容，似乎帶點與別不同的自豪，又好像包含了渴求認同的激動。後來回想，我才曉得，那位歌手的一句話，背後的那一個故事，正正緊扣了當年自己的某些經歷——在大學畢業之時，朋友升學的升學，受聘的受聘，彷彿只有視力衰退的我沒有什麼「着落」，在「飯局」裏因而插不了嘴。曾經，我甚至為了逃避那份因無話可講而來的恐懼，在抵達聚會地點的途中折返，在活動開始前的 15 分鐘「放飛機」……

那段日子，在那個自設的囚牢裏，我身邊沒有朋友，在我身上也找不到半個身分，那時，與我相依為命的就只有我的神。

回想起來，能夠對別人的一句話有所觸動，也可算是感恩的事。在生命裏，我們會遇到不同的人，聽見千萬句話，能夠讓自己汗毛直豎的又有多少呢？在那一刻的強烈共震裏，我曾感受到一份認同；而在波濤變為漣漪後，我又能看清自己一點，繼而更懂得愛惜自己。

那麼，我何不嘗試更多地與人分享自己的感受呢？或許，我輕輕的一句話，也能激起聽者心中的一個浪花呢！

刊於自在社網站

一碗麪・半支煙

「真的嗎？你似乎真的很古怪呢！」聽見我述說了一次吃即食麪的經歷，朋友表現得十分驚訝！

讀大學時，我住在學生宿舍，不時需要自行解決三餐，即食麪當然是首選之一。一次，為了盡快遏止肚腹的叫囂，也渴想火速了事回房，我將「煮」與「食」的技能發揮至淋漓盡致。當年，我們還是使用舊式電熱板，加熱速度甚慢。於是，我先啟動了電熱板，調校到最熱。趁着加熱的時間，便洗滌碗筷。接着，將熱水壺的熱水倒到煮食的器具裏。很快，水沸了，麪也煮妥了。

為了真正「即食」，我將沸水倒掉，加進溫水，為了免掉使用洗潔精的麻煩，我沒有加進半點味精。

結果怎樣？

「有另一個大學生，遲我一點來到廚房煮麪，但他是用微波爐煮麪的。結果，我洗了碗，離開廚房，他還在吃麪呢！」

朋友聽了這個「即食麪」故事後，當真認為我是「天生異品」，我便又習慣地補上一句：「很諷刺，我也並不是趕着做點什麼，回房後，還不是跑去玩 ICQ ！」

至此，朋友不得不嘖嘖稱奇了，我也大笑起來，坦然承認自己乃是另類。意猶未盡，又告訴朋友，中學時，自己曾暗戀一位女同學，後來，竟發現對方曾經吸煙，又曾聽見對方大聲說粗口，這反而暗暗增添了自己對她的欣賞……

回想起來，我已多次憶述這兩件事了，每一次，也會因着別人的「另眼相看」而心裏暗喜。

為什麼呢？最近，我才開始思考這個問題。或者，那是由於成長期間，自己既不甘於當上平凡的鄰家男孩，卻又無法在外貌、運動、口才等方面突出自己，因此，我總喜歡在行為和喜好上標奇立異。

只是，那樣的自己又會是真正的自己嗎？那些喜好又真的是自己從心所欲的選擇嗎？

刊於自在社網站

感動了

若在「未出發．先興奮」這廣告語後，加上一句下聯，那大概便是我和某一撮人的寫照。

苦候良久，那個吸引的演唱會、那些深愛的電視節目終於登場。當宣傳鋪天蓋地之際，我總被某種優越感浸淫得異常陶醉，繼而雀躍地充當人肉傳聲筒，但正式上演時，我卻總捨不得榨出數個小時。

「要出發．就無癮」便是那該加上的下聯。這時代的腳步太快了，落後的就只有在邊緣貶值的份兒。因此，這一撮人只可呼吸着不安，並刻苦地工作和進修。餘下的些許時間就都給消耗性的「喪」玩、綿延不斷的生病和半醒半睡的休息瓜分了。

於是，追追趕趕，高高低低，深呼吸——卻仍只與不安執手相隨。熬過這些特訓，這一撮人都已臻「有感動．沒行動」的化境，並繼續在自我中心呼喚愛。

這愛就在那遙遠的附近，在報紙、在電視屏幕、在以光纖相連的地球村。總喜歡躲在這些薄薄的平面後，為九天嬰孩琳琳而心悸不已，為「一蚊雞」猛男阿 Joe 而爭論不休，這一撮人卻甚少花時間在身旁的親友身上，亦不多費心力於體內的臟腑，更遑論為一點感動而付諸實行！

任何實質行動都似乎太奢侈了！

惟有自我解嘲吧！那二十多萬瀏覽人次裏的一撮人和那 26 點收視中的一撮人能同時有所反應，也算壯舉吧！若這兩撮人都流過半滴淚，其總和大概也遠超一公升吧！

說到眼淚，記得《等你說愛我》裏，竹野內豐說了句話，大意是：小孩子哭，只因他們知道，哭過以後，他們可得到想要的東西；成人哭，卻因他們知道，自己再也無法得到想要的東西。

聽起來，何其感慨！如今，我卻倍感唏噓，我們這一撮人尋找感動，渴望流淚，卻似乎只為證明自己並非長期處於待機模式的電腦！

刊於《am730》

做事？

每有意外，引致人命傷亡，報章總習慣大篇幅報道受害人的背景，然後再將好父親、孝順女、勤奮青年等字眼放進標題。或許，這些標題的確能吸引讀者詳讀全文；或許，如此報道真能讓事件變得立體一點。

只是，那些數百字的文章，背後大概也只有三個字——為什麼。為什麼大好人會遭此橫禍？為什麼罪魁卻安然無恙？

有此發問，很可能是基於我們對善惡有報的迷思。說是迷思，因為這定理既非永恆真理，也不見得全然落空。在此，我只能提出一點淺見，就是好人誰定？憑數百字的文章，靠數名受訪者的意見，真能客觀而全面地認識一個人嗎？豈止於此，對於共處多年的親朋、日夕相對的情侶，彼此的認識也可能僅屬冰山一角。這樣，我們又怎能判定誰好誰歹？我們又怎能斷定什麼好人好報呢？

此外，若要達致好人好報，先決的條件不就是「一人做事一人當」嗎？縱使知道這條件又如何？看過遊戲節目《獎門人》吧？知道「開口中」的玩法吧？世事的運作不就好比這遊戲嗎？爆炸的時機，每人各自心裏有數，於是，我們將「炸彈」不停你推我讓。最終別人遭殃時，有些人竟以為自己半點責任也沒有。

當我們所處之地可被稱為地球村，世界大概已進入「眾人做事某人當」的時代。正如零團費風波裏，受損害的是香港聲譽，遭停牌的是一位導遊，被警告的是一間旅行社。只是，這齣鬧劇的製作團隊卻相當龐大，難道商店的佣金不算利誘？難道本地旅行團的老闆沒有威迫？又難道內地人真的天真至此，竟相信市場主導的香港有免費午餐？

對於意外、疾病、不愉快事件等進行研究，以防患於未然，這是理所當然不過。不過，若這些事情莫名其妙地來訪，「何解偏偏選中我」之類的問題又有何建設性呢？我們何不集中注意力思考怎樣處理事情呢？

而當世界的轉動快要越軌，請撫心自問，你真的與此無干？你的力量真的微不足道？當我們受惠於連鎖集團的價廉物美，有否想過，自己已間接成為封殺小商戶的幫兇呢？

刊於《am730》

朋友聽了這個「即食麪」故事後，當真認為我是「天生異品」，我便又習慣地補上一句：「很諷刺，我也並不是趕着做點什麼，回房後，還不是跑去玩ICQ！」

手機之死

聽說，手提電話的平均壽命約為八年，若以此為標準，我那些只兩歲而命殞的手機便實屬英年早逝了。

在死因研究裏，我的手機既沒有撞擊引起的表面傷痕，亦無水淹火燒的往績，致命傷實在成疑。

正以為此案將沉冤難雪之際，一次排隊經驗、一個心急女子竟成為破案關鍵。

某早，我趕至一間連鎖式琴行的門市，欲購數張紅館的門券。十時未到，人龍卻赫然已繞了幾個大彎，延至商場之外。因有發聲書可聽，故久等大半小時後，我仍毫無不忿。反之，前面的女子卻不時左右探頭，引頸眺望，動作重複又重複。

真擔心她會因那些重複的動作而引致勞損呢——啊，我的手機，這便是你短命的原因吧！

視力剛剛衰退時，還未懂得借用發聲書，我那時既不願大模大樣地在街上嗅書，卻又熬不過無所事事的等待，結果，我變得對時間極為「分分計較」。甫到巴士站，便要看看時間，巴士到站、上車下車、踏進家門等，無一不會記錄時間。資料之充實絕對足以編製另一本《時間簡史》，當然，其價值就連霍銅、霍鐵的著作之影印本也遠遠不及了。或許，它的惟一價值就只有在遇上送車尾、堵車、上錯車等意外後，在我的怒火上潑一舀油吧！

原來，我只是五十步笑一百步。對於那個女孩，即使再多張望一百次，也無法提早購得門票；對於我，儘管我的《時間簡史》寫得再詳細，也不能讓自己逃過那些消耗時間的事件。

也許，我們都過於習慣繁忙和充實吧！因此，等待期間，總自然而然地做出一些無補於事的行為，似乎要將自己麻醉一下。只可惜，我的手機便因而積勞成疾，病入膏肓——皆因它乃「摺機」一部，每逢查看時間，便要將之開開合合。

正為着手機而慨歎不已，不知不覺間，已走到升降機前。我抬頭，仰視良久良久，看清顯示器上的數字，才肯垂頭。在升降機內，我也如此舉目觀看，直至頸部有點疲倦。我心頭立時一涼，腦海只湧起五個字——物似主人形！

刊於《am730》

偶遇假期

四時半……回家太早，遠行也太遲，於是，我隨意徜徉，在微熱的日光中。人流稠密如常，廢氣濃烈依舊，莫名地，我卻化作了一抹投射出來的影像，始終澄澈平靜。偶爾步過久違了的餐室，落地玻璃前、鑲在白光裏的朦朧倒影鎖定了我的目光，尚未看清自己，自己已被攝了進去。

進去了！只是尋常的快餐食物，暖烘烘的感官滿足卻把我重新凝聚為一實體。呼吸終於暢順了，肩膀也不再繃緊，腦袋也畢竟暫時跳離了理性的快車！

放假了！啊！真的放假了！

宣告這事實時，心已安坐在熱氣球之上，升得高高的，卻平靜安穩。悠然泊於長空裏，讓橙黃的餘暉退潮似地滑過自己，才施施然披上晚霞，默默溶入夜色中。

晚空下，我靜坐窗前，細細回味剛剛經歷的數小時，只覺自己彷彿一台剛被拭掉塵埃、添上潤滑劑的風扇，處事時總感到游刃有餘，得心應手。此成果當然是源於那偶遇的假期。

若不是家居網絡無法連線，若不是發送電郵的渴望甚高，若不是適逢中秋，供人上網的地方提早關門，在那獨特的四時半，我絕不會到處閒逛，繼而也必無緣巧遇這美妙的假期。

由於這些偶然，我重遇了、滿足了幾個需求各異的「我」，身心才因而享受了一個實在的假日。只是，在講求效率的生活中，某些「我」勢將再被拋離、忘掉，那麼，下一個假日豈不是遙遙無期！

夜空寂然，良久良久，記憶才提醒我——那也未必，在邂逅此假期的過程中，我不也擔演了關鍵的角色嗎？儘管佳節到臨，我也刻意不去安排什麼節目，好讓自己擁有一段閒暇；縱然關門在即，我仍願意跑到遠處上網，好教自己做點閒事。這些反常的決定難道不會引領我逐步走近下一個假期嗎？

刊於《am730》

談浪漫

「我聽那演唱會，並非因為喜歡那歌手，而是因為我喜歡的人鍾情那歌手……」聽見此言，朋友竟因此事而視我為浪漫的人。

我不禁自問，何謂浪漫？這答案當然言人人殊，且聽聽我對此的體會吧！

浪漫就是做些素來甚少做的事，動點別人很少動的情。就如穿梭於高樓林立的後巷，仰視縫隙裏的長空，幻想自己正身處峽谷之底，並享受重新垂頭時的剎那暈眩。又或是靜臥在公園長椅上，讓各條感官觸鬚自由伸展，也讓腦筋在官能脈衝裏隨意飄浮。這些浪漫雖只偶一為之，且漫無目的，卻每每可以洗滌心胸，讓腦袋重新有了空間和動力。

除了跟環境浪漫共處，我和朋友之間也曾產生多次浪漫共震。去年，為着一個拍攝計劃，我和一名聽障人士不斷嘗試溝通。她可讀唇，也能閱讀我所寫的字，可惜，我卻無法閱讀，也看不清其手語，彼此的最有效溝通方法，似乎就是既非面對面又欠即時性的互通電郵。幸好，苦思良久後，我們終於想起電腦的發聲軟件。靠着它，我便能聽見螢幕上的字；而同時，對方也能看到相同的字句。結果，那天，我們暢談了良久良久，那次浪漫則帶點革命性和創造性。

談到浪漫，大概還不得不提及愛情吧！於這方面，我的個性更見特殊。我的思想和行動均可十分浪漫，只是，我卻甚少利用浪漫。曾幾何時，一位女生遠赴別國了，往後的一段日子，不論喜憂，她總會隨時浮現腦海。我於是決意定期錄製一首歌，藉以記下我在不同時段裏對她的感覺。最終，此計劃並沒有被執行，但縱然執行了，我也絕不會讓那人知曉事實。我總認為，有了目的，浪漫便變得不再浪漫；強求浪漫，關係便變得沒啥關係。浪漫，還是留來自娛吧！

刊於《am730》

流行難再

在射燈的光束前，在搖滾的咆哮裏，我閉起了疲倦而乾澀的雙目。由於朋友的獻唱乃當晚的壓軸，而其他演出的欣賞也相當講究「觀看」，視障的我呆坐了一會，已開始暗自叫苦。

不多時，一段輕輕的琴音卻如瀑布，從耳道一湧而過，銀河倒瀉般沖掉了心裏的所有煩悶。

音符彷彿「波波池」裏的小孩，興奮地在腦袋裏蹦跳追趕，那些彩色塑膠球，就是刻有樂譜的回憶，均被衝撞得蕩漾不止……

那演出的終闋配樂輕輕的走了，微有虛脫的我卻仍沉浸在雲彩裏。中學時，多少次漫長的節衣縮食，所求的不就是一張張的唱片嗎？只要能走進唱片店，購下那讓我多次回眸的唱片，苦盡甘來的欣喜便即充溢心頭。從光碟被放進唱機至第一個音符躍出的剎那，我的心弦總被拉得滿滿的。接着，我安然沐浴在起伏的樂韻中，縱有打擾，我也會聽畢播放中的一曲，才肯關掉唱機。為了收聽播放中的歌曲，我也曾放棄在最近的車站下車，然後哼着歌兒漫步回家。

忽然，那雲彩間卻升起了一陣陣深褐的煙霧，且正迅速擴散！見此，我不禁悲恨交集。曾經，我也插上那雙科技的翅膀，躋身一眾蝗蟲之中，囫圇吞棗地啃噬不少樂章。幸好，狼吞虎咽間，那些未被尊重的旋律統統變得稀鬆平常，也因而不曾帶給我半點感動。於是，那些二十塊買來的偽貨、免費下載的掠物，很快給丟個精光了！

正以為可與流行音樂重修舊好，共譜童話式的結局，詎料，生活卻愈過愈充實，再加上視力減退後，聲音成為了接收資訊的主要媒界，莫説促膝談心，與歌曲擦身而過的機會也大不如前了。

唉，這就是無奈吧！但若非如此，大概也不會有表演當晚的震撼，我也不會重拾那份往日情懷！

刊於《am730》

講數

大多「數字」也不可信，這樣說，想必不會惹來太大異議。可是，不少人卻樂此不疲地引用「數字」以支持其觀點。

最近，某青年研究網絡進行了網上問卷調查，訪問了516名曾拍拖的年輕人。數字顯示，四成半以上青年曾遭伴侶出言侮辱，約三成青年則曾被打或被迫愛撫伴侶。研究員和學者繼而紛紛指出，愛情暴力已相當普遍，並呼籲年輕人要彼此尊重，且在緊急關頭嘗試冷靜等。

這又是借數字講道理的一例。豈止於此？我們也不妨看看其數字的可信性和可讀性。首先，網上問卷調查根本不能確保抽樣之隨機性。試想想，主動填寫問卷者與視問卷而不顧者，其性格會否有所不同呢？再加上重複填寫、身分難辨等情況，其數字有多可信呢？

此外，該調查的問題也當真很有問題。其中之二如下：一、曾否被伴侶取笑身材樣貌及感到不受尊重。二、曾否被伴侶出言侮辱，如白癡、死蠢等，令你感到受傷害。無需專業知識，你也能看出問題何在吧！若我曾被伴侶取笑而不曾感到不受尊重，又或者，「死蠢」乃伴侶對本人的暱稱，我該如何作答呢？所以，縱然得出一個數字，它又是代表被取笑，還是不受尊重呢？除了數字不可信，很多時候，相關的推論也不甚嚴謹。

盼望記者和研究人員不再亂引數字，相反，碰到數字時，敬請多動動腦筋以免誤導讀者！

刊於《am730》

明天天晴？

內地雪災、網絡黃潮、股市急濤、物價升浪……再加上陰霾冷雨，就在這陰影裏，全身黑衣的新一年已跨進我們的門檻！

怯？還是灰？

去年 12 月，聖誕禮物終於送到手上，我隨即興奮地將佳音廣傳，再廣傳！喜悅，皆因期待已久；喜出望外，全因自覺面試的失準早已將我攆出門外。

獲知我受聘的消息後，曾在前夜安慰我的友人便說：我早告訴你了，不要過於着眼某個失誤，凡事均需整體全盤地看。

日前，收看港台的《不死傳奇》，當中，陳百強的一段往事總教人唏噓不已。他曾暗戀一女子，卻因擔心失敗而毫無行動，結果，他只買下了一輛跟該女子同名的汽車……這位才貌兼優的青年、這位萬千寵愛的偶像竟會如此信心欠奉？

在此，且不談什麼完美主義，卻奉勸大家，除不要放大某一次的挫敗，更不該將預計中的困難「弄假成真」。縱然客觀數據皆指向某個事實，我們也該採取相應之行動，而非擱下不理，因為不管成敗，收穫總會臨到。

如今，上班已有一個月，視力卻持續衰退。「視力能否捱過試用期」這念頭就如近日的烏雲，不時飄到頭上，灑下「急流勇退」的雨絲，我卻沒有讓它們滲透我的思緒。與病相處至此，我知道，休養與否誠然對視力影響甚微。回首往昔，才驚覺，不少活動是該趁着視力尚好時參與的。在《狼圖騰》一書中，有句形容草原兇險的話，大意如此：危險以後尚有危險，安全以後沒有安全。這樣，不論境遇如何，我們也該盡力而為，只因容我們發光發熱的資源很可能會愈來愈少。

當然，不久之後，艷陽再現，大地回暖，也說不定。果真如此，在陰冷日子所作好的預備或許還能讓我們更好地享受晴天呢！

刊於《am730》

飛翔專號系列

殿堂喜劇大師——無聲引笑聲

編著：阿谷

殿堂級電影大師查理卓別林，他製作、演出的默片緊扣真實生活且能引起萬千觀眾共鳴，其中情節的構思與角色的塑造，源於他的成長經歷——酗酒成癖的父親、屢次進出精神病院的母親、坎坷的童年際遇——都一一化成了故事創作的土壤。

本書除了道出成就偉人的原因之外，還以「試映室」的方式穿插其生活經歷化成的默片情節，又以「查理卓別林生活於這有趣的城市」簡介他成長的英國倫敦的城市掌故、趣味知識，倍添閱讀趣味。

——這是一本不一樣的偉人傳記。

四十二張手帖——年輕人寫世界

作者：胡燕青、麥樹堅和 42 位年輕寫作人

生長在這瑣碎的小城裏，我們撿起散滿一地的鏡片再重組。鏡子裏反映出另一個世界——我們眼中的世界。

在這面嶄新而充滿喜哀的鏡子裏，我們與另一個自己對視交流。然後，有人開始說故事——說屬於大家的故事。

我們環顧四周，仔細觀察，記住了他們，也記住了你們，然後用粗糙不平的紙張，寫一組細膩平實的生命。只此而已。

一張一張猶溫的手帖
一雙一雙敏銳的眼睛
細緻地模塑了這座不僅屬於年輕人的城

東京的天空

作者：關麗珊

天不一定常藍，城市可以很黑暗，千千萬萬婦女若仍在恐懼中討生活，連天也會哭。虛構的情節，比真實更殘酷。

三位東方女性，三條命運交叉線，故事真實得使人情願相信真的是小說。關麗珊透過說敍，向身在強權、生之權利遭剝削的每一位女性致敬。

那年老師教曉我的事

作者：周淑屏

曾經她是讓老師費神的頑石學生……

升上中四，遇上同學作弊，她深深不忿，在校園搞「革命」，害得一向賞識她的班主任滿身麻煩；唸預科時，她違反學校規定，鬧得教員室翻了天，有老師為了維護她，緊張落淚。

幸好，一位位恩師，對她無限忍耐、支持，這個黃毛丫頭，慢慢蛻變，後來更當上作家、寫作班導師。

她，就是周淑屏。